PRAXIS
ideen
Schriftenreihe für
Bewegung, Spiel und Sport

Bewegungskonzepte

Bewegen, Spielen, Darstellen

Frank Ulrich Nickel

Verlag Karl Hofmann

Bibliografische Information Der Deutschen Bibliothek

Die Deutsche Bibliothek verzeichnet diese Publikation in der Deutschen Nationalbibliografie; detaillierte bibliografische Daten sind im Internet über http://dnb.ddb.de abrufbar.

Bestellnummer 0031

© 2003 by Verlag Karl Hofmann, 73614 Schorndorf

Fotos: Von den Verfassern

Erschienen als Band 3
der PRAXISIDEEN – Schriftenreihe für Bewegung, Spiel und Sport.

Grafik, Layout und Satz: IDEE-@L Design

Druck und Verarbeitung in der Hausdruckerei des Verlags
Printed in Germany · ISBN 3-7780-0031-4

INHALT

Warum Spielen?

- Spielen ist widersprüchlich!
- Spielen macht schlau!
- Spielen macht Spaß und fördert die Gesundheit!
- Spielen ist und ermöglicht Begegnung mit anderen!
- Spielen ist aktive Interaktion!
- Spielen fördert Kooperation!
- Spielen fördert Kreativität und Phantasie durch Bewegung!
- Spielen ist Darstellung und Ausdruck!
- Spielen ist Problemlösen!
- Spielen ist Handeln der Seele!
- Spielen heißt sich Zeit nehmen und lassen!

Kapitel

1

Die Frage „Warum spielen?" geht die Theorie genauso wie die Praxis **Warum Spielen**
an und leitet weitere Fragen „Was spielen?", „Wo spielen?", „Wie
spielen?", „Wer möchte spielen?" ein. Dieser Fragenkomplex wird im
Praxisbereich dieses Buches beantwortet. Es existieren, oft unbemerkt
von (Spiel-)Praktikern und (Spiel-) Skeptikern, zum Praxis- und The-
oriefeld Spiel, zum Begriff und zur Bedeutung des Spiels eine erstaunli-
che Vielzahl wissenschaftlicher Veröffentlichungen unterschiedlichster
Fachrichtungen und Fragestellungen (einen Überblick bietet Broich,
1995). Die Antworten der Autoren, die zur Frage „Warum spielen?"
genannt werden, sind weniger strenge wissenschaftliche Erörterungen,
bieten dennoch anspruchsvolles theoretisches Material, um Thesen/
konzeptionelle Gedanken diskutierbar zu machen. Die theoretischen
Akzente in den Antworten tragen dazu bei, das Ganze („Spielen")
durch seine Teile (z. B. „Freude") zu erklären. Ferner werden Argu-
mente angeboten, um etwas über die Bedeutung des Spielens für die
Menschen und ihre Entwicklung zu erfahren und um Spiel gegenüber
Skeptikern zu verteidigen. Dazu bietet die klassische Definition von
Huizinga einen Einstieg:

„Spiel ist eine freiwillige Handlung oder Beschäftigung, die innerhalb **Spieldefinition**
gewisser festgesetzter Grenzen von Raum und Zeit nach freiwillig an-
genommenen, aber nach unbedingt bindenden Regeln verrichtet wird,
ihr Ziel in sich selber hat und begleitet wird von einem Gefühl der
Spannung und Freude und einem Bewusstsein des Andersseins als das
gewöhnliche Leben" (Huizinga, 1981, S. 37).

Argumentiert man für das Spielen, finden sich auch Widersprüche: Spiel **Spielen ist wider-**
findet beim Menschen universelle Anwendung und Anerkennung, wenn **sprüchlich!**
es Bedürfnisse/Sicherheiten des Menschen nicht belastet. Spiel stößt
auf Ablehnung, wenn Spiele zu chaotisch werden, wenn Spiele zu Ernst
werden oder wenn Spiele autoritäre, wirtschaftliche, existentielle Strukturen in Frage stellen. Spielen ist eine freiwillige Form menschlichen
Interagierens und gedeiht besonders in einer geborgenen und vertrauten
Spielwelt. Die meisten Spielenden folgen bestimmten (Spiel-)Motiven
und den damit verbundenen Regeln. Solche Regeln müssen jedoch in
einem gewissen Rahmen veränderbar bleiben. Die Interaktionen und
Aktionen im Spiel hängen von kulturellen, sozial-umgebenden und z. T.
auch wirtschaftlichen Voraussetzungen ab. Dennoch ist Spielen prinzi-
piell aber weder an ein bestimmtes Alter oder Geschlecht noch an eine
bestimmte Hautfarbe oder Ideologie gebunden.

Über das Phänomen Spiel existieren vielfältige Theorien, die (mit **Spielen macht**
unterschiedlichen Argumenten) auf die Bedeutung des Spielens für die **schlau!**

Reifungsprozesse bezüglich der Selbstwerdung und der Sozialisation jedes einzelnen Menschen hinweisen. Spielen gibt dem Kind einen ersten weltzugewandten Bezugsrahmen über das Wie („Wie etwas sein könnte"), Was, Warum, Wie oft, Wo usw. seiner selbst, und das bedeutet, dem Kind die Möglichkeit zur Verhaltensänderung und zum Lernen (vgl. Retter, 1997, S. 11/12) einzuräumen. Mit seiner weltzugewandten, ganzheitlichen Existenz verlangt das Kind nach Entwicklung seiner praktischen Intelligenz. Dabei bedeutet das spielerische In-der-Welt-sein, dem Kind immer wieder ein kreatives Gleichgewicht, zwischen den verschiedenen Möglichkeiten sich Wirklichkeitsausschnitte anzueignen bzw. herzustellen (vgl. Piaget, 1975). Dafür gelten unabdingbare Voraussetzungen:

Voraussetzungen Interaktion

- Die Interaktion mit der sozialen und sachlichen Umwelt: Im Spiel lernt das Kind, ein Gleichgewicht (z. B. etwas beibehalten, fortsetzen) zwischen inneren und äußeren Spiel-Strukturen (z. B. Was spiele ich wann, womit, mit wem?) herzustellen.

Heterogene Lernsysteme

- Heterogene Lernsysteme: Das spontane, kreativ-konstruktive, selbstorganisierte Lernen sollte gegenüber dem angeleiteten, gelenkten Lernen nicht geringere Bedeutung zugemessen werden. Aus Zeitmangel, eingeschränkter Kenntnis seiner Wirkungen und fehlender praktischer Erfahrung kommt ersteres meist zu kurz.

Gestaltung

- Die Gelegenheit zur Gestaltung der Umwelt im Spiel: Der Mensch kann seine Umwelt gestalten und verändern, um damit seinen eigenen Bedürfnissen und Möglichkeiten nachzukommen.
- Die Gelegenheit zur Gestaltung der inneren Erlebnisfähigkeit: Der Mensch kann im Spiel sein Verhalten ändern und sich somit den Anforderungen (von außen) stellen.

Spiel und System

Durch und im Spiel kann man sich also von der Umwelt durch eine relative Stabilität (z. B. „Ich spiele in einem sicheren Raum"), durch Selbstbezug (z. B. „Ich spiele mit etwas", und durch Selbstorganisation (z. B. „Ich spiele in meinem Zimmer mit Bauklötzen") abgrenzen. Kein Außenstehender mag das Ausmaß an Kontingenz (das Möglichsein) eines spielenden Menschen begreifen, wenn der Spielende die sinnbetonende Möglichkeit erhält, seine Spielwelt so zu gestalten und zu verstehen, wie sie für ihn sein könnte (vgl. Retter, 1990; Nickel, 1997). Dadurch werden Wirklichkeiten erzeugt und erlebbar, die auch eine Verfremdung oder Umkehrung der Alltagswelt darstellen können.

Selbstbestimmung

Dabei bedeutet Selbstbestimmung, dass Kinder nicht reflexiv alles nachahmen, sondern sich durch Wiederholungen Spannungserlebnisse holen, die ihre Fähigkeiten zum Nachahmen, Modifizieren und Darstellungen zum Ausdruck bringen. Also bedürfen manche Spielstunden, deren Ergebnisse dargestellt werden sollen, zunächst oft angeleiteter, initiierender Prozesse. Andere Spielstunden brauchen hingegen nur eine Idee oder einen Raum mit Materialien.

Man muss auf die Frage „Warum spielen" immer besonders betonen: „Um mit Vergnügen in der Welt zu sein" und „um mit Humor der Welt zu begegnen". Durch Spielen lassen sich physische, emotionale Erfahrungen auf vergnügliche Weise sammeln. Meist entwickelt sich dieser Erfahrungsgewinn in einer Spielgruppe. In einem solchen vertrauten Kreis können auch Emotionen artikuliert werden, wenn dies akzeptierbar geschehen kann. Ängste oder Bedenken können im Modus des Spielens eben spielerisch bewältigt bzw. angegangen werden (vgl. Winnicott in Flitner, 1988). Eng mit dem Vergnügen im und durch Spiel verbunden ist der Humor. Seinen Sinn für Humor kann ein Kind durch Spiel, insbesondere bei Interaktionsspielen, Sketchen oder Pantomime usw. zeigen und auch entwickeln. Der Sinn für Humor ist bei der Reifung des jungen Menschen ein bedeutender, zumeist aber unterschätzter Indikator für die Entwicklung und Ausprägung sozialer Kompetenz (Titze & Eschenröder, 1998, S. 34–36, S. 48). So verringert Lachen in sozialen Situationen Spannungen, kann der Grad an Humor über das psychische Innenleben einer Gruppe oder die Kontaktfreudigkeit einer Gruppe nach außen Auskunft geben, entwickelt und stärkt ein durch Spiel gewonnener Sinn für Humor das Selbstwertgefühl und wirkt wie ein Schutzmechanismus vor negativem Stresseinfluss auf unser Wohlbefinden. Der gesundheitliche Aspekt des Spielens ist aber auch physischer Natur, nicht nur weil die Bewegung eine Gemeinsamkeit aller Spieltätigkeiten ist. Beim spielerischen Bewegen unter gesundheitlichen Aspekten stehen nicht unbedingt große Bewegungsaktionen im Vordergrund, sondern solche Spielformen, die eine „geringe Bewegungsaktion" abfordern. Fitness wird hier als „psychosomatisches Phänomen" verstanden: Ein „Mensch verspürt nur dann ein echtes Wohlbefinden, wenn ein psychisches und physisches Gleichgewicht" erreicht wurde. Demzufolge heben die Autoren auch Spielformen hervor, die auf eine Besserung und Optimierung der „Körperwahrnehmung" und des „Körpergefühls" ausgerichtet sind. Dazu gehören Objekt-, Symbol- (z. B. Pantomime) und Wettbewerbsspiele (vgl. Stemper, u. a. 1983, S. 9, S. 33–36).

Spielen macht Spaß und fördert die Gesundheit!

Humor

Lachen

Menschen lernen durch Spiel sich wieder zu begegnen. Spiel bietet diese Möglichkeit über Spaß, Freude, Begeisterung, Konzentration, Belastung und Entspannung, und zwar auf zweierlei Weise: als Sich-selbst-erleben und als das Erleben anderer. Durch das gemeinsame spielende Tun erschließt sich ein Raum, „in dem sich die Beziehungen

Spielen ist und ermöglicht Begegnung mit anderen!

der Gruppenmitglieder in Richtung Offenheit und Vertrauen positiv entwickeln können" (Zalfen, 1985, S. 9). Zu solchen positiven Erfahrungen gehören: das Erleben von eigenen Stärken und Schwächen, ihre weiterführende Verarbeitung in Gesprächen und Handlungen und das gemeinsame Einhalten, Erweitern, Verändern von Spielregeln.

Spielen ist aktive Interaktion!

Die Pädagogik muss der zunehmenden „Technokratisierung" im Alltag mit praktischen „Alternativen" – Spielen – begegnen, die eine „Entfaltung des Selbst" ermöglichen (Gudjons, 1990). Hier tritt das soziale Lernen und Erfahren in den Vordergrund anwendungsfreundlicher Interaktionsspiele und -übungen. Solche Interaktionsspiele berücksichtigen den Lernenden/Spielenden als Ganzes, kurzum: Seine geistige, emotionale, körperlich/spielende, neugierige, kennende/informierte Ganzheit (Vopel, 1988) sie wirken durch den hohen intrinsischen und extrinsischen Aufforderungscharakter zur aktiven handelnden und kommunizierenden Teilnahme und zum Lernen. Sie sind gekennzeichnet durch die sinnlich wahrnehmbare Rückmeldung (durch Gestik, Mimik, Proxemik, Sprache), die den Spielenden anzeigt, dass ein (Spiel-)Verhalten oder eine verbale Äußerung verstanden wurde (Wie habe ich

Interaktionsspiele

mich verhalten?). Interaktionsspiele zielen dabei auf die:

a) Verbesserung des Wahrnehmungsbewusstseins (z. B. Erkennen von Vorgängen, Verhalten, Wünschen, Ideen).
b) Entwicklung von Verantwortungsbewusstsein (für das eigene Verhalten), d. h. auch die Artikulation von Emotionen und die Einsicht zur Selbstmotivation (z. B. Warum möchte ich das tun?).
c) Stärkung des Selbstbewusstseins und der Anerkennung anderer.
d) Bewusstwerdung von Interdependenz, d. h., in Spielsituation befinden sich Spielende in wechselseitigen Abhängigkeiten.

Spielen fördert Kooperation!

Erfolgreiche, kooperative Spiel-Aktivitäten haben eine sehr befreiende Wirkung auf den Menschen (Orlick, 1993/b). Ihre wesentlichen Bestandteile sind: Kooperation, Akzeptanz, Beteiligung und Spaß. Kinder lernen durch kooperative Taten zu teilen, abzugeben und sich in andere hineinzuversetzen. Es werden die Emotionen anderer berücksichtigt und gelernt, friedvoll miteinander auszukommen. Schließlich müssen sich die Spielenden gegenseitig helfen, eine Einheit bilden (also niemanden ausschließen).

Spielen fördert Kreativität und Phantasie durch Bewegung!

Spiele sind sehr geeignet, um die Kreativität zu fördern, weil sie die Freude am schöpferischen Spiel wecken und die spielerischen Fähigkeiten beflügeln. Gerade, wenn es um die Behebung von Kreativitätsblockaden, um Selbstfindung und Persönlichkeitsentwicklung geht, stellt das kreative Spiel für das seelische Wohlbefinden einen Ausgleich vom Arbeits- und Konsumalltag dar (vgl. Thiesen, 1989).

Von entsprechenden öffentlichen Instanzen immer wieder formulierte wünschenswerte Eigenschaften von jungen Berufsanfängern sind innovatives Verhalten in der Gruppe, Teamarbeit, Flexibilität und Kreativität. Spielen kann diese Eigenschaften fördern. Denn neben der Entwicklung des logischen Denkens und Handelns erfolgt gleichberechtigt auch die Förderung des divergenten Denkens und Handelns. Besonders bei der Entwicklung einer pantomimischen Szene werden Problembewusstsein, Phantasie, Problemlösen, Flexibilität, Ideennennung, Assoziationsfähigkeit, Originalität, Eigenaktivität, Miteinanderaktivität angesprochen. Die Spieler merken in solchen Phasen auch, wie hemmend hohe Erwartungen, großer Zeitdruck, Passivität, schnelles Aufgeben, ständiger Sozialstress, Kritikangst, Killerphrasen, Engstirnigkeiten, Monotonie usw. sind (vgl. Nickel, 1998/b). In vielen Spielen dieses Buches sind Kreativität und Bewegung in Bezug zum darstellenden Spiel, dem Bewegungstheater (vgl. Tiedt, 1999), der Pantomime gesetzt und Grundbausteine bewegungspädagogischer Arbeit. Besonders bei Spielen, die zu Gestaltungen und zum Umdenken auffordern, bedingen sich Kreativität und Bewegung wechselseitig (Nickel, 1998/b). Für Neuber (2000, S. 30) basiert eine kreative Bewegungserziehung auf psychomotorischen („Wahrnehmung und Bewegung"), ästhetischen („Wahrnehmung und Gestaltung") und künstlerisch-pädagogischen (Musik, Theater und Bewegung) Ansätzen. Die Bewegung ist zugleich Substanz und Sinn für die zentralen pädagogischen Handlungsweisen kreativer Bewegungserziehung: Wahrnehmung, Gestaltung, Bewegung, Improvisation und Interaktion. Dabei sind die Orientierung am Kind, eine einfühlsame Orientierung an der Umwelt des Kindes, die „Prozess vor Produkt-Orientierung" und die vielfältige Orientierung der Ideen und der Gefühle zum Medium Bewegung unumgängliche Grundprinzipien. Pädagogisch wirksame Momente einer kreativen Bewegungserziehung sind: dem motorischen (z. B. Sammeln vielfältiger Bewegungserfahrungen), dem kreativen (z. B. Gestaltungsbedürfnisse des Kindes), dem sensorischen (z. B. Körpererfahrung), dem sozialen (z. B. kooperatives Handeln), dem emotionalen (z. B. Ausdrucksbedürfnisse) und dem kognitiven (z. B. Konzentrationsübungen) Bereich zuzuordnen. Besondere pädagogische Wirkungen gehen von der Entwicklung des Improvisierens, des Imaginierens, des Phantasierens und des Gestaltens aus. Eine „kreative Bewegungserziehung" (Neuber, 2000) kann auch die traditionellen (z. B. Turnen, Tanzen) und aktuelle Bewegungstrends (z. B. Inlineskating) umfassen, weil der kreative Umgang mit den Bewegungsformen entscheidend ist.

Bewegungstheater Pantomine

kreative Bewegungserziehung!

Spielen ist Darstellung und Ausdruck!

Die praktischen Spielbücher von Schriever und Wehmeier (1989), Mettenberger (1993) und Vlcek (1997) sind Hilfen zur Ermöglichung von vielseitigen Erlebnissen und Erfahrungen durch Darstellung und Ausdruck. Der Leser kann sein (Spiel-)Programm aus den Büchern gestalten: Durch spielerische Einstiege, Bewegungs-, Darstellungs- und Ausdrucksübungen/-spiele bis hin zur szenischen Improvisation – bzw. von einer Grundidee zur Erarbeitung einer Spielszene. Neben der Unmittelbarkeit des Erlebens und dem Miteinander beim Theaterspielen steht besonders die Selbsttätigkeit im Vordergrund. Welche Vorzüge haben nun Spiele, bei denen Darstellung und Ausdruck, Bewegung und Erlebnis im Vordergrund stehen?

Vorzüge der Darstellungsspiele

- Man entwickelt Fähigkeiten zu sensiblem, phantasievollem, kreativem und gestaltendem Tun.
- Man erlernt auf seine Spielpartner einzugehen und in einer Gruppe zurechtzukommen.
- Man erlernt Bewegung, Gestik, Mimik und Sprache im situativen Zusammenspiel zu beherrschen.
- Man lernt verschiedene Rollen kennen und zu gestalten.
- Man erlernt Rollengestaltungen, Szenen und Szenenfolgen im Zusammenspiel zu bewältigen und das Beurteilen von Rollen.
- Man erlernt Rollen zu reflektieren.
- Man erlernt Szenen folgerichtig zu entwickeln.
- Man erfährt, dass Objekte sinnvoll unterstützen können.
- Man erfährt etwas über Organisationsaufgaben.

Spielen ist Problemlösen!

Wie eine Problemlösung mit/durch Bewegung formuliert und initiiert werden kann, lässt sich am Beispiel einer Spielaufgabe einleitend zeigen: Die Spielgruppe teilt sich in Pärchen auf. Jedes Spielpaar erhält die gleiche Spielaufgabe; die Lösung der Aufgabe wird vor der Gruppe dargestellt; jedes Paar hat ca. 10 Minuten Zeit. Die Spielaufgabe lautet: „Ihr sollt gleich mit einem Partner eurer Wahl eine kleine Spielszene erfinden. Stellt euch vor zwischen euch befindet sich ein Hindernis – ihr beiden könnt nicht zueinander. Das Hindernis kann eine Wand, eine Mauer oder eine Schaufensterscheibe sein. Ihr versucht zueinander zu kommen, also das Hindernis irgendwie zu überwinden. Überlegt euch eine eigene Lösung. Versucht euer Problem und eure Lösung als Spielszene nachher vorspielen zu können".

Beispiel: Wand

Mit dieser Spielaufgabe (der Spielleiter wird Berater) werden nicht nur Vorstellungsvermögen, Einfühlungsvermögen, Kreativität, Improvisation geschult, sondern auch eine Lösung, die später dargestellt und vom Zuschauer verstanden werden soll, gefordert. D. h., es wird über ein Problem aus mehr als einer Perspektive nachgedacht und mögliche Handlungswege direkt ausprobiert. Das hilft den Mitspielern nicht nur hinsichtlich ihres Ausdrucksvermögens, sondern es hilft ihnen, über das Gewohnte hinaus zu denken und dennoch dabei eine gewisse Handlungslogik für die Zuschauer zu bewahren. Was passiert: Der Spieler muss sich von seiner aufnehmenden, passiven Haltung lösen. Allgemeinen Probleme wie Spielaufgabe verstehen, Selbstüberwindung, Sich-Ausdrücken, Loslassen vom Alltag, Einigung, Ideenfindung, Absprachen treffen klären sich mit der Zeit und werden vom Kind auf Alltagssituationen transformierbar. Die Spielaufgabe stellt nun ein besonderes Problem dar: Hier kann der Pädagoge solche Probleme formulieren, die von seinen Spielern auf ihre Situation übertragen werden können und die als sinnvoll, lohnend, individuell usw. empfunden werden können. Allerdings vermittelt sich ein pädagogisch wünschenswertes Handeln aus Einsicht, ein intensiveres Begreifen und die Grundlage für Problemlösungsstrategien nur, wenn möglichst viele Paare (die, diese zeigen wollen) ihre Lösung vorgestellt haben und der Spielleiter auch die Zeit für eine notwendige Reflexion geben kann.

Was passiert beim Problemlösen?

Ein problemorientierter Unterricht bedeutet, dass die Spielenden in der selbständigen Auseinandersetzung mit Problemen zu mehr Handlungskompetenz gelangen. Brodtmann (1984, S. 11–16) schildert, welche Prinzipien bei einem problemorientierten Unterricht nebeneinander in einer wechselseitigen Beziehung zueinander wirken:

Problem-orientierter Unterricht

a) „Offenheit und Eindeutigkeit". Offene Spielsituationen geben jedem Spieler Zeit und Raum für z. B. individuelle und gruppenspezifische Problemlösungen, für benötigte Experimentier- oder Umdeutungsphasen. Gleichzeitig orientieren sich die Spieler an eindeutigen Spielaufgaben.

b) „Selbständigkeit und Lenkung". Für die Spielaufgabe, z. B. „Erfindet eine Lachmaschine", haben die Spieler ein weit reichendes Maß an Selbständigkeit bzw. Möglichkeiten eine Lachmaschine zu entwickeln und körperlich darzustellen. Damit die Kinder weder überfordert noch unterfordert sind, hat der Spielleiter das Spielthema eingegrenzt, es mit passenden Bewegungs- und Spielaufgaben vorbereitet und seine Lenkung auf Beratung reduziert.

c) Handeln und Reflexion. Reflexionsphasen können während einer Erarbeitung oder nach einer Ergebnisdemonstration eingelegt werden. Erarbeitet z. B. eine Gruppe von Kindern eine kleine Spielszene, so müssen neben den aktiven Phasen auch Phasen eingeschoben werden, in denen die Kinder z. B. darüber nachdenken, was war und was sein könnte, wer etwas wie darstellt. Diese direkt an der praktischen Problemlösung gekoppelten Reflexionen eines Prozesses sind sehr effektiv und werden im Schutz der Gruppe vollzogen.

Spielen ist Handeln der Seele! In der Psychomotorik sind Bewegung und Spiel essentiell für Beginn und Erhaltung von Reifungsprozessen. Unter Psychomotorik versteht man eine „funktionelle Einheit psychischer und motorischer Vorgänge, die enge Verknüpfung des körperlich-motorischen mit dem geistig-seelischen kennzeichnet" (Zimmer, 1999, S. 22). Eine psychomotorische Erziehung beinhaltet einen beachtenswerten Anspruch: „Erst durch vielseitige Bewegungs- und Wahrnehmungserfahrungen" werden die „Grundlagen für eine harmonische Persönlichkeitsentwicklung geschaffen" (Zimmer & Circus, 1995, S. 34, hervorgehoben im Original). Dazu wird Spiel besonders eingestuft: Die seitens der Kinder gewählten Spielthemen entspringen meist ihrer „Lebens- und Phantasiewelt" (Zimmer, 1999, S. 80) in enger Beziehung zu ihren besonderen oder alltäglichen Lebenssituationen. Jedes spielende Kind gibt Auskunft über die Befindlichkeit seiner selbst, seiner Seele. Mit Symbol- und Rollenspielen können Kinder individuell (zwanglos) „Vergangenes, Erlebtes" aufarbeiten: Mehr imitierend oder mehr kompensierend oder mehr antizipierend. Erhält das Kind einen entsprechend großen Handlungsspielraum, kann es seine „Fähigkeiten" und „Kräfte" für sich selbst einsetzen, Spielregeln, Spielverlauf und Handlungssinn selbst bestimmen. Damit hat das Kind große Chancen selbstentwickelte Perspektiven einer Problemlösung beizusteuern.

Seelische Förderung durch Spiel Die kathartische Wirkung (vgl. Nickel, 1998/a) des Spielens ist natürlich nicht nur auf das Kind bezogen, idealerweise spielen Groß und Klein zusammen. Um das seelisches Gleichgewicht durch Spiel zu fördern, müssen bestimmte Merkmale in die Spielsituation mit einfließen können:

a) Kinder durch Symbol- und Rollenspiele Realitäten nachspielen lassen, alternative Handlungen ausprobieren lassen und damit Anlässe zum Erproben von Verhaltensweisen geben.

b) Kindern die Möglichkeit geben, Situationen, Handlungen, Ereignisse, Rollen, Symbole umzukehren bzw. zu modifizieren.

c) Kinder nicht zu Spielhandlungen zwingen oder sie in ihrer freien Entscheidungswahl einengen.

d) Dem Kind soll im Spiel die Möglichkeit gegeben werden, eine „Spannung des Gelingens und des Nicht-Gelingens" aufzubauen (Zimmer, 1999, S. 84–88).

Mit Hilfe von Spielmaterialien, Spielgeräten und Spielobjekten hat das **Baumaterialien**
Kind nun zusätzlich sehr fruchtbare Möglichkeiten, über emphatische
(aber eher unbewusste) Prozesse sich selbst zu symbolisieren. Zum Bei-
spiel selbsttätig eine Bewegungsumwelt (ihre Bewegungsbaustelle) zu
gestalten. Mit Hilfe von Baumaterialien (z. B. Bretter, Balken, Reifen,
LKW-Schläuche, Holzklötze) können Kindern Angebote für offene
„Handlungssituationen mit Raum für freie, individuelle Deutungen"
(Miedzinski, 2000, S. 115) gegeben werden.

Beim Spielen vergessen Kinder (und auch Erwachsene) oft Raum und **Spielen heißt sich**
Zeit (vgl. Daublebsky, 1988). Diese Erfahrung hat sicher jeder von uns **Zeit nehmen und**
schon einmal machen dürfen, der als Kind beispielsweise von einem **lassen!**
Spielnachmittag mit Freunden später als von den Eltern erwartet zu
Hause eingetroffen war. Mit einer Frage „Weißt du denn nicht, wie
spät es schon ist?" wurde man empfangen. Für eine bestimmte (Spiel-)
Zeit waren die elterlichen Zeitvorgaben nicht mehr präsent. Solche
Spielnachmittage werden nicht vom 45-Minuten-Takt (der Schule)
bestimmt, sondern haben so etwas wie eine eigene Gesetzlichkeit (vgl.
Popp, 1999). Warum? Dem Phänomen Spiel werden Wesensmerkmale **Wesensmerkmale**
zugeordnet (Scheuerl, 1990, S, 65–101) und diese stehen in einer kau- **des Spiels!**
salen Wechselbeziehung mit zeitlichen Aspekten: Spielen bedeutet
von etwas Freisein (z. B. von zeitlichen Zwängen des Alltags); Spielen
bedeutet im Inneren versunken zu sein (z. B. als Zeitvergessenheit);
Spielen bedeutet die momentane Realitätsebene verändern, verlassen
und jederzeit zurückkehren zu können (z. B. eine Phantasiereise);
Spielen bedeutet Erleben von Spannung (z. B. Überraschung) im ent-
spannten Rahmen („Es kann mir nichts passieren, wenn ich so tue, als
flöge ich durch die Luft") mit zeitlicher Sicherheit; Spielen bedeutet
sich mehr oder weniger mit Regeln zu beschäftigen (z. B. Regeln modifizieren und ausprobieren); Spielen bedeutet unmittelbar zu handeln,
d. h., es duldet oft keinen Aufschub, wenn eine Spielidee ausprobiert
werden möchte.

Eine derartige bewegungs- und spielpädagogische Orientierung begreift
das Spiel als einen essentiellen Teil erfolgreicher kindlicher Persönlichkeitsentwicklung bewegten Lebens und Lernens.

Methodische Hinweise

- **Spielprotokoll, Spielleiter und Checkliste**
- **Spielreihe, Spielname, Spielform**
- **Übung und Spielaufgabe**
- **Hinweise zum „Blind" sein**
- **Organisationsformen für das Vorspielen**

Kapitel

2

Methodische Hinweise

Spielprotokolle sollen den Spielleiter zur Reflexion seiner Praxis anre- **Spielprotokoll**
gen, ihm helfen Probleme zu erkennen/zu reflektieren, ihm gelungene
Spielstunden bewusster machen und die Memorisierung neuer Spiel-
und Kombinationsmöglichkeiten erleichtern (vgl. Thiesen, 1989, S. 30).
Solche Spielprotokolle ermöglichen didaktisch-methodische Anhalts-
punkte und sind besonders für Spielleiter mit neuen Gruppen oder für
unerfahrene Spielleiter zu empfehlen.

- Datum/Tageszeit, Pausen, Teilnehmerzahl/-zusammensetzung Be-
  rufe, Alter
- Vorbereitete Spielformen (Solo, Klein- oder Großgruppe)
- Tatsächlich durchgeführte Spiele und ihre Reihenfolge
- Eigener Kommentar: Wie z. B.: Wie habe ich mich der Gruppe genä-
  hert? Habe ich mich in der Gruppe wohl gefühlt? Was ist besonders
  gut/besonders schlecht gelaufen? Motivation? Unerwartete Situationen? Welche Spiele wurden nicht verstanden? Umständliche Erklä-
  rungen? Welche Spiele sollten in der gleichen Gruppe wiederholt
  werden? usw.
- Kommentar der Spieler: Allgemein und zu den einzelnen Spielen,
  Bekanntheit der Spiele, Vorkenntnisse der Spielenden, Erwartungen
  der Teilnehmer, Ambitionen, Motivation, Kommunikationsstörun-
  gen: z. B. Killerphrasen
- Verbesserungsmöglichkeiten/ Variationen/Neue Spielbücher

Wichtige Hilfsmittel des Spielleiters sind seine Phantasie, sein Vermö- **Spielleiter**
gen zur assoziativen Vertiefung in die Spielform, seine Persönlichkeit,
seine Ausstrahlung und seine Spielfreude. Ein Spielleiter belebt eine
Spielgruppe nicht nur durch seine Aktivität, sondern auch durch seine
Empfindsamkeit und Zurückhaltung. Nun kann man das Spielen nicht
durch Bücher erleben. Spielbücher unterschiedlichster Thematik sind
aber nötig für kreative Vertiefung und Anregung, die eigenen Spielideen auszubauen. Während der Durchführung von Spielstunden muss
auch das beste Konzept hin und wieder geändert werden – oft innerhalb von Minuten. Auch dann sind genügend alternative Spielformen
gefragt, wenn ein Spiel ganz unerwartet nicht ankommt. Daher muss
sich der Spielleiter ebenso um neue Spielformen bemühen (auf Work-
shops oder aus der Praxisliteratur), da oft ein neuer Spielablauf oder
eine Variation (vgl. Vlcek, 1997, S. 22) weiter hilft. Wie steht es nun mit
der Vorbereitung des Spielleiters auf eine Spielgruppe?

Checkliste

Folgende Checkliste kann helfen:
(1) Um welche Gruppe handelt es sich? Anlass des Spielens, Spieleranzahl, Alter, Fähigkeiten und Verfassung der Teilnehmer.
(2) Welche Spiele biete ich an? Aufteilung erprobter Spiele zu unerprobten Spielen? Welche Alternativspiele sind vorbereitet? Welche Materialien und welche Hilfsmittel? Modifikation erprobter Spiele? Besonderheiten bei der Ausführung bestimmter Spiele? Regelveränderungen?
(3) Welche Wünsche und Interessen haben die Teilnehmer? Welche Wünsche und Interessen hat der Spielleiter?
(4) Spielort? Großer, kleiner Raum, im Haus, im Freien? Ausstattung (Möbel, Teppich, Rekorder, Stühle, Bühne). Atmosphäre, Tageszeitpunkt. Spiellänge?
(5) Großes Blatt mit den Namen der Spiele und/oder den Spielreihenfolgen und den Alternativen (Stichworte).

Spielreihe

Der Begriff Spielreihe verdeutlicht beispielhaft die in eine methodisch aufeinander aufbauende Verbindung gebrachten Spiel- oder Übungsformen. Sie reichen zeitlich von einer halben bis zu einer ganzen Stunde und können methodisch gekürzt oder verlängert werden. Eine Spielreihe umfasst mehrere spielpädagogische Prinzipien:
Vom Einfachen zum Komplizierten, vom thematisch Gebundenen zum Freien oder umgekehrt vom Freien zum thematisch Gebundenen. Das letzte Spiel einer Spielreihe kann einen hohen Grad an Komplexität aufweisen, wenn es isoliert betrachtet wird; es wird ohne Vorbereitung schwierig zu spielen sein. Durch den Erfahrungsgewinn im Verlauf einer Spielreihe kommt es jedoch zum Ausgleich dieser Komplexität.

Der Prozess-, Lern- und Motivierungsaspekt, der Spaß und die Kooperation/das Miteinander der Spielenden untereinander gewinnen dann an Bedeutung, wenn die Spiele für den Spielpädagogen und die Spieler in einem Zusammenhang stehen. Dieser Zusammenhang ergibt sich durch das Thema, durch Handlungsähnlichkeiten und durch Übungen, die für sich keine Spielformen darstellen. Zum optimalen Ablauf sind jedoch körperbetonte Übungen entscheidend (z. B. bei der Darstellung von Marionetten).

Spielname

Bei der Namensgebung vieler Spiele stand die assoziative Verknüpfung des Inhalts im Vordergrund (Handlungsschwerpunkte und Grundidee der Spielform). Auf Ähnlichkeiten mit bekannten Spielformen kann an dieser Stelle nur hingewiesen werden. Es war unmöglich, den tatsächlichen Ursprung sämtlicher Spielmodifikationen in Erfahrung zu bringen, wie es z. B. Denker und Ballstaedt (1976) in begrenzter Weise vorgemacht haben. Für den Fall, dass Spielformen vorgestellt werden, die bereits an anderer Stelle ähnlich abgedruckt wurden, wird um Verständnis gebeten und auf die Literaturliste verwiesen. Ein Problem, viele Spielformen der praktischen Spielliteratur und der Spielkarteien betreffend, sind die Wiederholungen bereits hinlänglich bekannter Spielformen. Die Suche nach einer neuen Spielform ist demzufolge zu einem eigenen Explorations- und Erfindungsspiel geworden.

In den Übungs- und Spielbeschreibungen sind neben einer zusammenfassenden Darstellung/Anleitung, wenn notwendig, Hinweise zur Personenzahl, Gruppierung, Hilfsmittel, Spielregeln und Spielaufgaben genannt. Falls erforderlich werden zusätzlich gesondert Hinweise, Vorstellungsbilder und Variationen für den Spielleiter angegeben. Die Variationen betreffen Abänderungen der Ausgangsspielform hinsichtlich Spielidee und Spielausführung. Nicht selten nimmt dabei der Grad an Schwierigkeit zu. Es kann für die Spieler und den Verlauf des Spiels/der Übung äußerst hilfreich sein, wenn der Spielleiter zur assoziativen Orientierung für Bewegung und Sprache eine Metapher/Analogie anzubieten hat, die dem Charakter der Spielform entspricht. **Übungs- und Spielbeschreibung**

Die Spielrealisierung erfolgt durch den Spieler, die Spielenden, und das nicht unbeeinflusst von der Spielhaltung, dem Sinnerfassen und dem Können. Da eine Spielformbeschreibung kein reales Spielen ist, lässt sich nur im praktischen Vollzug einer Spielform feststellen, was ein Spiel ist, was es mit der entsprechenden Spielform auf sich hat. Die den geschilderten Spielformen sind nicht mehr als vereinheitlichte Bedingungen, unter denen ein Spiel real vollzogen werden kann (zum Begriff Spielform siehe Hilmer, 1969). **Spielform**

Der Begriff Übung meint, dass der Schwerpunkt des Handelns/Interagierens nicht auf dem klassischen Einüben von etwas liegt, sondern mehr auf einer behutsamen Annäherung an sinnliche, körperliche, sprachliche und/oder körpersprachliche Fertigkeiten und Erlebnisse. So kann der Akzent der hier beschriebenen Übungs- und Bewegungsaufgaben mehr auf dem Spielerischen (z. B. „Wer kann sich auf noch nie gesehene Weise fortbewegen?") oder auf dem Sinnlich-Körperlichen (z. B. „Auf einem Bein stehen!") bzw. mehr auf dem Sinnlich-Sensorischen (z. B. „Sich blind im Raum orientieren!") liegen. **Übung**

Eine Spielaufgabe gehört zu dem Bereich der Ausdrucks- und Gestaltungsaufgaben. Kurze Spielszenen von ungefähr drei bis fünf Minuten Länge werden durch Übungs- und Spielformen vorbereitet. Der Spielleiter stellt eine Spielidee vor oder sie wird von den Teilnehmern **Spielaufgabe**

erdacht. Danach erfolgt die szenische Erarbeitung in Gruppen mit drei
– sechs Spielern (d.h. Planung und Realisierung).

„Blind" Sein   Bei allen Übungs- und Spielformen, in denen die ganze Gruppe oder
nur einzelne Spieler blind sein sollen, ist es besonders wichtig, dass eine
vertrauensvolle Atmosphäre geschaffen wird und vertrauensgebende
Handlungsbereitschaft vorhanden ist. Auf die Gefahr, durch Unachtsam-
keit oder durch Absichtlichkeit den eigenen Partner oder eine Gruppe
zu gefährden, muss deutlich und wiederholt hingewiesen werden. Es
ist sogar ratsam, dass der Spielleiter bestimmte Gefahrenmomente im
Raum benennt und mögliche Unfälle demonstriert. Dem Spieler müssen
nicht die Augen verbunden werden. Dies ist ein Zeitgewinn und hilft
Vorab-Störungen zu vermeiden, die entstehen, weil Augenbinden nie bei
allen Spielenden richtig sitzen. Ferner gibt auch der Spielleiter gegenüber seinen Spielern damit zum Ausdruck, dass er Vertrauen in sie setzt.
Der Spieler schließt die Augen und hat jederzeit die Möglichkeit, sich
durch ein kurzes Blinzeln zu orientieren. Man kann jedoch jederzeit an
die Spieler appellieren: „Versucht einmal auszuprobieren, wie lange ihr
es schafft, Eure Augen geschlossen zu halten." Das zusätzliche Abdunkeln des Raumes kann sich als hilfreich erweisen. Organisationsformen
für das Darstellen und Vorspielen von Szenen: Für manche Kinder
oder Erwachsene können darstellerische Aufgaben vor Zuschauern zu
Schwierigkeiten (z.B. Angst vor Blamage) führen. Es gilt zunächst vertraute und schützende Situationen zu schaffen, in denen der Spieler ohne
Schwierigkeiten darstellen kann.

Vorspielen   Organisationsformen für das Darstellen und Vorspielen von Szenen:
Organisieren   Für manche Kinder oder Erwachsene können darstellerische Aufgaben
vor Zuschauern zu Schwierigkeiten (z. B. Angst vor Blamage) führen.
Es gilt zunächst vertraute und schützende Situationen zu schaffen, in
denen der Spieler ohne Schwierigkeiten darstellen kann.

a) Paare: Alle Paare agieren für sich zeitlich parallel.
b) Jeweils zwei Paare sind zusammen: Paar A spielt vor Paar B, Paar A gibt
   Paar B ein Thema und Paar B spielt vor Paar A. Nach kurzer Bedenkzeit
   erfolgt die Darstellung. Bei schwierigen Spiel- und Darstellungsformen
   wird den Spielern in den ersten Runden Zeit gegeben. So können Vorga-
   ben gedanklich und praktisch vorbereitet werden, Absprachen getroffen
   und Bewegungen/Reaktionen ausprobiert werden.
c) Die Hälfte aller Paare (z. B. Hälfte A) spielen ihre Ergebnisse vor.
d) Die Hälfte aller Paare (z. B. Hälfte A) improvisiert zu einem von
   den einzelnen Paaren selbst gefundenen Thema und Hälfte B beobachtet, anschließend Wechsel.

e) Aus der Beobachtung der Improvisationen während des Spiels macht der Spielleiter eine oder zwei Ausführungsideen zu Vorbildern, die alle Paare thematisch übernehmen sollen.

f) Der Reihe nach spielt Paar für Paar.

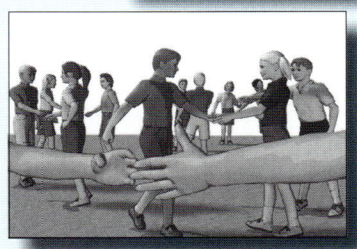

Bewegen und Spielen

- **Spiele zum Kennenlernen**
- **Einteilung in Kleingruppen**
- **Spiele frei im Raum**
- **Spiele im Kreis**
- **Blind am Ort und blind im Raum**
- **Gruppenharmonie**
- **Koordinative Verwirrungen**

Kapitel

3

Abb. 1: Napoleon

Bei dem Spiel „Napoleon" gehen die Spieler paarweise zusammen. **Napoleon**
Spieler A denkt sich den Namen eines Prominenten (z. B. Napoleon)
aus. Spieler B ist dieser Prominente. Dummerweise hat Spieler B seinen
prominenten Namen vergessen und muss diesen durch Fragen (z. B.
„Lebe ich noch?") herausbekommen. Natürlich sollte Spieler A etwas
über den Prominenten wissen und vorher überlegen, ob Spieler B diesen
auch kennen könnte. Nachdem Spieler B herausbekommen hat, wer er
ist, denkt sich Spieler B einen Prominenten (z. B. Sherlock Holmes) für
Spieler A aus. Weitere Beispiele: Julius Cäsar, Boris Becker, Steffi Graf,
John Lennon, Donald Duck, Asterix und so fort.

Für Kinder können die Namen von Blumen, Bäumen, Getränken, **Hinweise**
Nahrungsmitteln, Alltagsgegenständen, Spielzeug oder Völkergruppen
(Eskimos, Indianer, Schotten) hilfreich sein.

Damit das Kind den Spielgedanken versteht, können Namen/Begriffe
vom Spielleiter auf kleinen Zetteln vorbereitet werden und in späteren
Runden vom Kind selbst ausgedacht und/oder notiert werden.

Bei der Spielform „Springseilkennenlernen" teilt sich die Gruppe in **Springseilkennenlernen**
Dreier- oder Vierergruppen auf. Spieler A und Spieler B stehen zwei bis
vier Meter (einander zugewandt) auseinander. Spieler C und eventuell
Spieler D stehen in der Mitte zwischen A und B. Spieler A und B fassen
am Boden ein imaginäres Springseil und beginnen, es mit großen Arm-
bewegungen kreisen zu lassen. Entsprechend der Seilbewegung muss

Spieler C nun über das imaginäre Seil springen. Während des Springens stellt jeweils der äußere Spieler, der mit Spieler C im Blickkontakt steht, Fragen in dieser Art: „Wer bist Du?", „Macht dir das gerade Spaß?", „Woher kommst du?", „Was hast du vorher gegessen?", „Wie heißt dein Lieblingsgericht?", „Kannst du mir die Zutaten nennen?" usw.

Abb. 2: Springseilkennenlernen

Während des Fragens schwingen A und B das Seil weiter; C springt und antwortet so gut er kann. A und B sollten die Geschwindigkeit regulieren. Beide Spieler können C Fragen stellen, C muss sich dann entsprechend drehen. Nach einigen Fragen oder je nach Motivation, wird die Mittelposition ausgetauscht.

Hinweis

Anfangs kann der Spielleiter mit zwei Freiwilligen dieses Spiel kurz vormachen.

Der fröhliche Frank

Bei der Spielform „Der fröhliche Frank" stellt sich die Gruppe in Kreisform auf. Jeder sollte jeden gut sehen können. Die Idee dieses Kennenlernspiels besteht darin seinen Namen der Gruppe mit einem Attribut geschmückt zu nennen. Dieses Attribut muss den gleichen Anfangsbuchstaben („f" – fröhlich) wie der eigene Vorname („F" – Frank) haben. Einer fängt an, z. B. der Spielleiter: „Ich bin der fröhliche Frank." Im Uhrzeigersinn geht es weiter. Hier steht Sieglinde, sie nennt erst den Namen von Frank und dann ihren eigenen Namen: „Das ist der fröhliche Frank. Ich bin die sportliche Sieglinde." Nun kommt Uschi an die Reihe. Sie wiederholt die Namen von Frank und Sieglinde und dann ihren eigenen Namen mit ihrem Attribut.

Abb. 3: Ich bin der fröhliche Frank

Am Ende kommen also eine Menge Namen zusammen. Keiner der **Variationen**
Spieler sollte auf Perfektion getrimmt werden, sondern immer die Hilfe
der Gruppe in Anspruch nehmen können. Der Spielleiter nennt am
Ende des Spiels alle Teilnehmer.

Es kann ratsam sein, einer Gruppe vorab Zeit zu geben, damit sich jeder ein
Attribut mit dem Anfangsbuchstaben seines Vornamens ausdenken kann.

Anstelle des Namens werden die Hobbys oder Lieblingsbeschäftigungen
pantomimisch angedeutet. Z.B. „Das ist Frank. Seine Lieblingsbeschäftigung ist … faltet die Hände, legt den Kopf seitlich auf die Hände und
schnarcht (Schlafen!!!). Ich bin die Steffi, meine Lieblingsbeschäftigung ist:
Beginnt pantomimisch Klavier zu spielen (Klavier)". Und so fort.

Bei der Kennenlernform „Interview" ist die Gruppe in Paare aufgeteilt. In
den Paaren finden nun Interviews zwischen Spieler A und Spieler B statt.
Der Spielleiter sollte einen Fragerahmen vorgeben. Zum Beispiel: Name,
Hobby, Sternzeichen, (Alter), Fahrrad- oder Autofahrer, Beruf, Geburtsort,
Lieblingsgericht. Die Antworten können notiert werden. Nach ca. 5–10
Minuten sollten die Paare fertig sein. Spieler A stellt mit den Interviewda-
ten seinen Partner Spieler B der ganzen Gruppe vor (und umgekehrt). Die
Fragen und insbesondere das Vorstellen darf keine Bereiche berühren, die
der Interviewte nicht möchte oder ihn bloßstellen würden.

Interview

"... wie heißt Du?",
... was ist Dein Hobby? ....

Abb. 4: Interview

Variationen

1. Spieler A hat Spieler B interviewt. Spieler A stellt sich nun der Gruppe als Spieler B vor.
2. Spieler A verändert eine Information von Spieler B. Welche Information über Spieler B unwahr ist/nicht stimmt, muss von der Gruppe erraten werden.

Hinweis

Dieses Spiel erfordert meist eine erfinderische und miteinander vertraute Gruppe.

Das Telegramm

Für die Spielform „Das Telegramm" haben sich die Spieler zu Paaren zusammengefunden. Fünf Stichworte (z. B. Name, Geburtsjahr, Geburtsort, Beruf, Lieblingssport, Ehefrau) zum Kennenlernen, die Spieler A von Spieler B erhalten hat, werden z. B. im Schreibstil eines Telegramms (Karl – 1957 – Düsseldorf – Sportlehrer – Badminton – 2 Kinder – Frau Uschi) festgehalten und später der Gruppe vorgetragen. Weitere Formen zum Vorstellen des Partners sind: Lied (gesungen), Rätsel, Gebrauchsanweisung, Zeitungsannonce, Brief an einen Verehrer, Antwort auf eine Heiratsannonce, Leserbrief, Horoskop, Büttenrede, Geburtstagsrede, Vortrag eines Professors, Schlagzeile einer Zeitung, Plädoyer eines Anwaltes. Jedes Paar stellt sich so der Gruppe vor. Der Spielleiter hat Karteikarten mit entsprechenden Rollen und Stichworten vorbereitet.

Abb. 5: Das Telegramm

Die Einteilungsspielform „Sonne, Mond und Stern" basiert auf der Grundidee, dass verschiedene Symbole z.B. aus einem Hut gezogen werden
müssen oder frei verteilt werden, die mehrfach (3-mal, 4-mal, 5-mal) vorhanden sind. Haben alle Spieler ein Symbol, beginnt die Suche nach anderen Spielern mit dem gleichen Symbol. Der Spielleiter hat je nach Gruppengröße die Möglichkeit, die Gruppe spielerisch in Kleingruppen mit festen
Größen aufzuteilen. Beispiel: Die Gruppengröße beträgt 18 Teilnehmer, es
werden Dreiergruppen benötigt. Im Hut befinden sich 18 Zettel mit sechs
verschiedenen Symbolen, jeweils drei Zettel haben identische Symbole.
Hat jeder einen Zettel gezogen, beginnt die Suche. Ferner eignet sich diese
Einteilungsvariante auch zum Kennenlernen.

> **Sonne, Mond und
> Sterne**

Ebenso müssen ungerade Teilnehmerzahlen berücksichtigt werden.
Baum, Rose, Hand.

Variationen

… Sonne, Mond und Sterne

Abb. 6: Sonne, Mond und Sterne

Memory

Das bekannte Spiel „Memory" bildet die Ausgangsidee: Es werden zusammengehörende Dinge benötigt (z.B. zwei Wäscheklammern, zwei Schrauben, zwei Bierdeckel, zwei Würfel, zwei Löffel usw.). Der Spielleiter hat diese Dinge (für jedes Kind ein Objekt) im Raum verteilt/ versteckt. Die Kinder können nun auf die Suche gehen. Hat man z.B. eine Wäscheklammer gefunden, kann man ruhig stehen bleiben und das Objekt hochheben und warten, bis jemand mit der zweiten Wäscheklammer zu einem kommt. Dadurch bilden sich nach und nach Paare.

Variation 1

Die gefundenen Objekte werden von den Kindern zunächst geheim gehalten und später im Kreis auf ein gemeinsames Kommando hin gezeigt. Dadurch erhöht sich die Überraschung und es verringern sich mögliche Absprachen.

Variation 2

Bei der Spielform „Zwei Rasierapparate bilden ein Paar" müssen sich die Spieler mittels pantomimischer Tätigkeiten finden. Der Spielleiter hat ein Zettel-Sortiment mit Symbolen vorbereitet (z.B. Rasierapparat, Kamm, Lippenstift, Eistüte, Banane, Zahnbürste). Jedes Symbol wurde zweimal verteilt. Die Paare finden sich hierbei über die auszuführenden Tätigkeiten, ohne zu sprechen und ohne die Zettel zu zeigen. Natürlich sollten alle zur gleichen Zeit auf ihre Zettel sehen und sich sofort finden.

Variation 3

Auf den Zetteln steht jeweils nur eine Anweisung für die Mimik. Die Gruppe verhält sich beim Finden stumm, man schaut sich nur ins Gesicht und findet die gleichen Gesichtsausdrücke. Beispiele: „Du

machst ein trauriges Gesicht!", „Du machst ein fröhliches Gesicht!",
„Du machst ein ärgerliches Gesicht!", „Du machst ein spitzbübisches
Gesicht!", „Du machst ein verträumtes Gesicht!".

Abb. 7: Memory

Für die Einteilungsspielform „Puzzles" hat der Spielleiter ein Sortiment an
verschiedenen Puzzle vorbereitet. Die Teile eines Puzzle entsprechen später
der gewünschten Gruppengröße. Das Material für die Puzzles findet sich im
Haushalt bzw. im Altpapier. Hier können diverse Verpackungen und Zeit-
schriften (z. B. Pizza, Werbung, Schuhkarton) mit den unterschiedlichsten
Motiven gefunden und in einfache Puzzlestücke zerschnitten werden. Entsprechend der Teilnehmerzahl werden die Teile aus verschiedenen Puzzles
in einen Hut gesteckt; jeder Teilnehmer zieht ein Teil und sucht dann entsprechend die fehlenden Teile. Es versteht sich, dass z. B. Puzzles mit sehr
ähnlichen Motiven den Such- und Findeprozess verlängern.

Puzzles

Neben den Puzzles auf Papierbasis sind auch raffiniertere Materialien
für das Zusammensetzen eines Objektes aus mehreren Einzeltei-
len geeignet, die zusammengebaut bzw. zusammengesteckt werden
müssen. Fundstellen für solche Objekte reichen vom Überraschungsei
über Kinderzimmer bis zum Dachboden.

Variation

Bei der Spielform „Wo ist Familie Schiller?" wird mit ähnlich klin-
genden Familiennamen gespielt. Sie dient der spielerischen Kleingrup-
peneinteilung. Der Spielleiter hat entsprechend der Teilnehmerzahl

**Wo ist Familie
Schiller?**

Abb. 8: Puzzle

Familie Schiller (Vater)	Familie Schüller (Vater)	Familie Stümmler (Vater)	Familie Schirmler (Vater)	Familie Schimmel (Vater)
Familie Schiller (Mutter)	Familie Schüller (Mutter)	Familie Stümmler (Mutter)	Familie Schirmler (Mutter)	Familie Schimmel (Mutter)

Abb. 9: „Wo ist Familie Schiller?"

Variation

Bei der Spielform „Familie Zickel?" müssen alle Spieler beim Finden zusätzlichen Darstellungsaufgaben folgen. Es wird betont, dass die Spieler ihre Charakterisierungen und Tätigkeiten bis zum Schluss (Vorstellungsrunde) durchhalten. Darstellungsbeispiele: Vater Dickel (Schwerer Husten, flache Hand am Mund), Vater Zickel (Schwerhörig, Ohren zuhalten), Vater Dückel (hüpft beidbeinig), Vater Hückel (Piepsstimme, Hochzehengang), Mutter Dickel (Sehschwäche, Hände vor den Augen), Mutter Zickel (Schüchtern), Mutter Dückel (Hüpft rückwärts), Mutter Hückel (hat Sekundenkleber an Zähnen – spricht trotz geschlossener Zähne).

Für die Spielform „Rote Wäscheklammern" wird eine rote (oder andersfarbige) Wäscheklammer (oder z. B. Murmeln, Steine oder Blätter) gebraucht. Der Spielleiter hat im Raum eine rote Wäscheklammer verborgen. Die Spieler sollten diese leicht entdecken können. Die Spieler können im Raum umhergehen – da und dort hinschauen. Dabei ist es nicht notwendig, dass irgendetwas berührt wird (oder fremde Taschen durchsucht werden), weil die rote Wäscheklammer nicht bedeckt (aus einer bestimmten Richtung oder Nähe frei sichtbar) ist. Reden muss man auch nicht. Wer die rote Wäscheklammer entdeckt hat, verrät es nicht (zeigt nicht darauf oder lacht usw.), sondern geht stumm an seinen Platz und darf sich hinsetzen. Der Spielleiter wartet, bis sich jeder Spieler gesetzt hat (evtl. muss er noch Suchenden einen kleinen Tipp geben). Dann schließen die Spieler ihre Augen und zeigen mit dem Arm in die Richtung der roten Wäscheklammer.

Rote Wäscheklammern

Abb. 10: Rote Wäscheklammern

Das Spiel eignet sich hervorragend zur Beruhigung und zur Einführung eines Themas. Für geübte Gruppen bietet es sich an mehrere rote Wäscheklammern zu benutzen. **Hinweis**

Kurzschluss

Die Spielform „Kurzschluss" kann wie folgt angesagt werden: „Angenommen es ergibt sich ein Kurzschluss, der von Menschen ausgeht, wie äußert der sich? Im Spiel ganz einfach: Einer der Mitspieler erzeugt besagten Kurzschluss durch Zwinkern mit den Augen!" Die Mitspieler verhalten sich ganz normal, wie im Alltag so üblich. Sie reden kaum etwas, gehen aneinander vorbei und blicken sich gegenseitig nur an. Plötzlich wird ein Mensch vom Kurzschluss erfasst. Sein ganzer Körper zeigt in diesem Augenblick die erlittenen Qualen und sinkt in sich zusammen. Die Mitspieler sind etwas verwundert, nach kurzer Zeit kümmern sie sich nicht mehr um den Vorfall und alles geht wieder seinen gewohnten Gang. Da wiederholt sich der Vorfall wieder und wieder. Da dämmert es den noch gehenden Spielern, dass sich besagter Kurzschlussgeber in ihrem Kreis befindet und solange aktiv bleibt, bis er gefunden wird. Sollten sie als Mitspieler eine Vermutung haben, Wer diese bedrohlichen Kurzschlüsse erzeugt/auslöst, die einen Mitspieler nach dem anderen aus dem Spiel befördern, unterbrechen sie mutig das skurrile Spiel mit den Worten: „Ich habe einen Verdacht." Evtl. benötigen sie noch einen zweiten Mitspieler, der ebenfalls einen Verdacht loswerden will. Sind die beiden sich uneinig, werden sie auch vom Kurzschluss erfasst und sinken zu Boden. Haben die beiden Recht, ist das Spiel zu Ende. Wichtig: Um das Spiel spannend zu erhalten, sollten jene, die angezwinkert wurden, anfangs einige Sekunden (3–5 sec) des Schocks vergehen lassen, bevor sie lauthals schreiend zusammensinken. Das erhöht die Chance des Täters, nicht gleich erkannt zu werden.

Abb. 11: Kurzschluss

Hut ab und Hallo! Das Spiel „Hut ab und Hallo!" ist eine Aktivitätenreihe zum spielerischen Umgang mit Begrüßungen und Verabschiedungen: Bei den Begrüßungen und den Verabschiedungen bietet es sich an, zunächst rein körpersprachlich (also stumm) zu spielen.

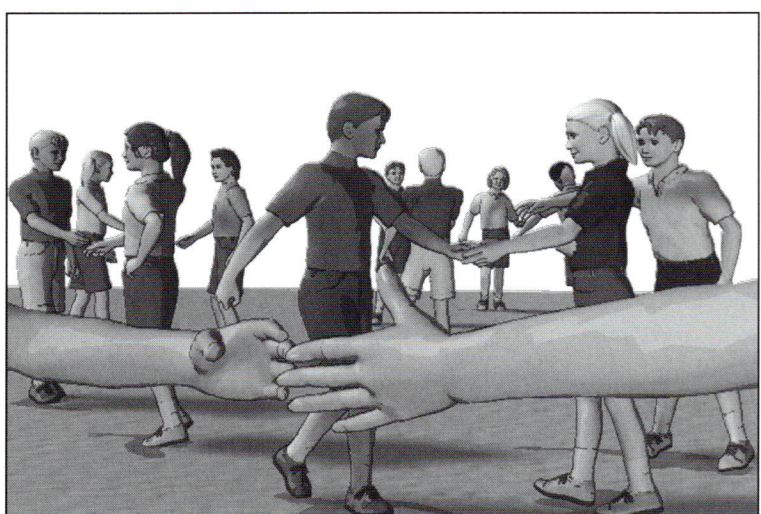

Abb. 12: „Hut ab und Hallo!"

Aus dem Laufen, Hüpfen oder Gehen lassen sich folgende Begrüßungs-
formen angeben, die die Spieler direkt darstellerisch umsetzen:

- So viele Hände wie möglich schütteln.
- Sich beim Begrüßen mit dem Zeigefinger gegenseitig sanft über den
  Nasenrücken streichen.
- Die Begrüßung erfolgt mit Oberschenkel- oder Pobackenkontakt.
- Zu zweit, Rücken an Rücken, Beine grätschen, vorbeugen und sich
  mit den Händen durch die gegrätschten Beine begrüßen.
- Fiktive Orte/Anlässe zum Begrüßen: z.B. Empfang beim Bundes-
  präsidenten, Hauptversammlung der Taschendiebe, Bundestreffen
  der Luftballonverkäufer.
- Es treffen sich alte Freunde nach vielen Jahren erstmals wieder.
- Zum Begrüßen werden vom Spielleiter Rollenfiguren genannt:
  Ringkämpfer, Nachtwandler, Einbrecher, Zauberkünstler, Seiltänzer,
  Katzen, Schimpansen, Fußball- oder Tischtennis-Spieler, Matrosen,
  Florett-Fechter, Sheriffs oder Bodybuilder.
- Sich voneinander verabschieden, als wäre es für lange Zeit.
- Sich übertrieben mit vielen Gesten verabschieden. Beispiele: Die
  sich innig Liebenden, die Mutter vor dem Kindergarten vom klei-
  nen Kind, bei Sportkameraden, der Arbeiter/Angestellte vom Chef
  (mit Gehaltserhöhung/ohne Gehaltserhöhung).

Bereits das stumme Begrüßen und Verabschieden bietet die Möglich- **Hinweis**
keit zu kurzen Spielszenen, die dargestellt werden können.

Kommando „Big Mäc"	Die Spielgruppe wird zunächst in das Spiel „Kommando Big Mäc" eingeführt; die Kommandos werden vorgemacht. Sie sollen zunächst durcheinander laufen (Handtrommelbegleitung zu kleinen, schnellen Schritten) und bei einer Ansage (Handtrommelunterbrechung, z. B. Kommando Frost) eine bestimmte, festgelegte Aktion oder Körperhaltung einnehmen. Vor der Bewegungsanweisung wird das Wort Kommando gesetzt. Nur dann soll die entsprechende Bewegung durchgeführt werden. Erfolgt dieser Zusatz nicht, wird weiter gelaufen. Der Spielleiter versucht die Gruppe zu falschen Reaktionen zu verführen.

Abb. 13: Kommando „Big Mäc"

Die folgenden Bewegungsanweisungen sind beispielhaft und erprobt:

- Kommando Rumpelstilzchen – auf einem Bein stehen bleiben.
- Kommando Frost – in der jeweiligen Bewegung eingefroren stehen bleiben.
- Kommando Sonne – sich mit dem Körper (besonders mit den Armen) der Sonne entgegenstrecken.
- Kommando Ohnmacht – mit einem lauten „Ahhhh" theatralisch auf den Boden sinken.
- Kommando Big Mäc (auch Kommando Roter Baron) – jeweils drei Spieler legen sich am Boden aufeinander.
- Kommando Hamburger (auch Kommando Doppeldecker) – jeweils zwei Spieler legen sich am Boden aufeinander.
- Kommando Schubkarre – paarweise eine Schubkarre darstellen (d. h., ein Partner begibt sich in die Liegestützposition und der andere hält ihn an dessen Fußknöcheln hoch).

- Kommando erster Kuss – einzeln stehen bleiben, Kussmund formen, aber die Lippen nach innen ziehen und mit dem Zeigefinger der rechten Hand in die Mitte der linken Handfläche ein Loch bohren.

Bei dem Spiel „Spinnen an der Decke" entsteht für die jeweils beobachtende Gruppe das optische Erlebnis, eine Gruppe an der Decke hängender Spinnen (Menschen) zu sehen. Die aktive Gruppe stellt zusammen mit dem Spielleiter die Spinnen dar. Für die Spinnen an der Decke gilt, aus der Vorstellung, eine Spinne an der Decke zu sein, die Bewegung zu führen und diese Bewegungen – wenn möglich – fließend zu gestalten.

Spinnen an der Decke

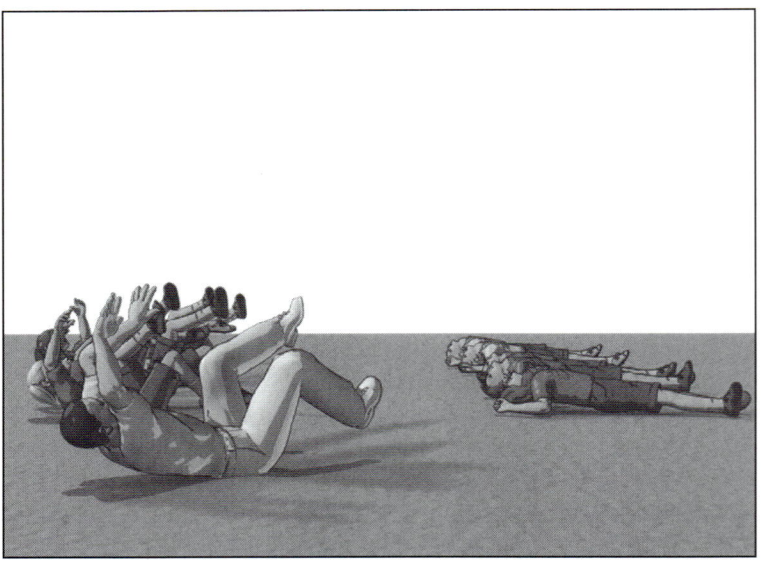

Abb. 14: Spinnen an der Decke

Die Großgruppe wird in Gruppe A und in Gruppe B geteilt; sie befinden sich vier bis fünf Meter auseinander. Dort legen sie sich rücklings, Schulter an Schulter auf den Boden, die Köpfe beider Gruppen zeigen zueinander. Der liegenden Gruppe A gibt der Spielleiter die Anweisung, nur auf Kommando („Jetzt") den Kopf in den Nacken zu nehmen – nicht vorher. Dann geht der Spielleiter zu der liegenden Gruppe B. Er erläutert ihr leise, dass man gleich so tun werde, als seien alle Spinnen an der Decke; diese Spinnen gehen langsam an der Decke entlang auf die Spieler der Gruppe A zu. Wenn die Spieler der Gruppe A auf Kommando die Köpfe in den Nacken nehmen, sehen diese alles auf dem Kopf stehend. Alle Spieler der Gruppe B orientieren sich mit ihren Bewegungen an den Bewegungen des Spielleiters. Jetzt legt sich der Spielleiter zwischen die Spieler der Gruppe B.

Die Bewegungsreihenfolge:

1. Eine Spinne liegt auf dem Rücken und strampelt mit Armen und Beinen: Aus der Rückenlage, Arme senkrecht nach in Richtung Zimmerdecke „werfen" und (langsam oder auch schnell) zurückführen. Diese Bewegungen 4- bis 5-mal wiederholen. Gleichzeitig oder versetzt kann man die Beine oder jeweils ein Bein anheben und wieder fallen lassen.

2. Anschließend werden beide Arme und beide Beine nach oben geführt; erst wenn Arme und Beine etwas bewegt worden sind, werden sie wieder fallen gelassen oder zurückgeführt.

3. Der Spielleiter führt wieder an, dreht sich aus der Rückenlage in die Bauchlage. Arme und Beine sind gestreckt, so dass das Bild entsteht, alles hinge mit Händen und Füßen an der Decke.

4. Es entstehen allerlei Bewegungsmöglichkeiten: Reine Bauchlage, Vierfüßlerstand, Brücke, Arme vom Boden nehmen/wieder an den Boden drücken sowie Übungen mit Mimik und Gestik verbinden. So erreichen die Spinnen an der Decke mit großen Bewegungen und Furcht erregenden Gesichtern die Spieler der Gruppe A und beugen sich über ihre Gesichter. Hier ist der erste Durchgang zu Ende.

Nun sind die Spieler der Gruppe A die Spinnen an der Decke. Die grobe Bewegungsabfolge (beibehalten!) ist jetzt bekannt und eigene Kreationen können hinzugefügt werden.

Großstadt-dschungel

Die Spielform „Großstadtdschungel" ist ein typisches Fangspiel mit zwei gleich großen Gruppen. Diese stehen sich ungefähr ein bis zwei Meter in der Mitte des Raums (Halle) auf Linien gegenüber. Der Spielleiter sagt, wer im Großstadtdschungel auf den Straßen zu finden ist. In diesem Großstadtdschungel gibt es: Alte Damen, coole Typen, Fahrradfahrer. Der Spielleiter zeigt sodann prägnante Körperhaltungen und lässt sie kurz von den Spielern nachahmen.

Variationen

Alte Damen: Leichte Kniebeuge, Hand auf einen imaginären Stock gestützt, Oberkörper nach vorn gebeugt, Kopf schaut auf.
Coole Typen: Auf Zehenspitzen wippen, Oberkörper ist gestreckt leicht nach hinten gerichtet, Kopf leicht zur Seite gebeugt, Nase zeigt nach oben, Arme hängen lässig herab.

Fahrradfahrer: Leichte Kniebeuge, Oberkörper aufrecht, Hände fassen imaginären Lenker. Nun gibt der Spielleiter die Reihenfolge an, wer wen jagt bzw. wer vor wem weglaufen muss.

Alte Damen jagen coole Typen! Coole Typen jagen Fahrradfahrer! Fahrradfahrer jagen alte Damen!

Abb. 15: Großstadtdschungel

Als Freimale gelten die entsprechenden Raum- bzw. Hallenseiten vor und hinter den Spielern. Wer vor dem Freimal abgeschlagen wird, wechselt die Gruppe. Bevor es losgeht, müssen sich die Spieler natürlich möglichst unauffällig auf einen Großstadttyp einstellen. Danach stellen sie sich gegenüber und der Spielleiter gibt das Signal: „Wer jagt wen im Großstadtdschungel?" Die Spieler nehmen behände ihre gewählten Körperhaltungen ein, erkennen, wer jagen soll und wer gejagt wird, und los geht es.

Selbstverständlich können auch drei Typen und/oder drei Körperhaltungen von den Spielern gefunden werden.

Knoblauch

Das Spiel „Knoblauch" wirkt am besten, wenn sich der Raum etwas abdunkeln lässt. Die Spieler stehen im Raum. Der Spielleiter erklärt zunächst das ganze Spiel und demonstriert auch das Verhalten von Opfer, Vampir und Knoblauchfresser. Alle Spieler schließen die Augen und verhalten sich ruhig. Ein Spieler wird durch ein Berührungszeichen zum Vampir (bei großen Gruppen zwei Vampire). Der Vampir ist auch blind. Alle anderen Spieler sind mögliche blinde Opfer. Wenn der Vampir vom Spielleiter durch Berührungszeichen bestimmt wurde, teilt er das den blinden Opfern laut mit: „Der Vampir geht um." Jetzt setzen sich alle Spieler in Bewegung. Die Arme aller Spieler sind leicht nach vorn gestreckt.

Abb. 16: Knoblauch

Woran erkennen sich nun Vampir und Opfer? Trifft der Vampir auf ein Opfer oder ein Opfer auf einen Vampir bzw. berühren sich zwei Spieler, stößt der Vampir sofort ein tiefes und lautes „AHHH" aus, das Opfer reagiert mit einen hohen und lauten „IHHH". Danach ist das Opfer auch Vampir.

Wie endet das Spiel? Nach und nach werden sehr viele Vampire ihr Unwesen treiben, die sich natürlich auch (schreiend) treffen werden. Sind beinahe alle Spieler Vampire, flüstert der Spielleiter einem Vampir oder einem Opfer ins Ohr: „Du bist jetzt der Knoblauchfresser." Es kann sich auch anbieten, zwei Knoblauchfresser zu bestimmen; dann normalisiert sich die Spannung schneller. Trifft nun ein Knoblauchfresser auf einen Vampir, so lässt er diesen „AHHH" schreien und haucht ihn im Gegenzug laut für alle hörbar an „HHHH". Der Vampir wird nun auch zum Knoblauchfresser. Nach und nach werden alle Vampire zu Knoblauchfressern, die sich auch gegenseitig laut anhauchen können. Das Spiel ist zu Ende, wenn alle Vampire zu Knoblauchfressern geworden sind.

Auf dem Ball der Sehenden und Blinden

„Auf dem Ball der Sehenden und Blinden" wird nicht nur Walzer gespielt. Auch verhalten sich die Paare anders als z. B. auf einem Opernball, denn die Paare bestehen aus jeweils einem Sehendem und einem Blinden. Der Clou an unserem Ball, der zeitlich vielleicht in einen Rahmen von 15–20 Minuten fällt, ist, dass die unterschiedlichsten Musikstücke von den Paaren tänzerisch interpretiert werden.

Ob sich diese Interpretation an den internationalen Richtlinien für den Standardtanz orientiert oder nicht, ist ziemlich egal. Sehend führt Blind oder Blind führt Sehend – man wird sich beim Tanzen schon einigen.

Die Musikstücke sind demzufolge auffällig bunt gemischt und weisen eine zeitliche Länge von ca. 20–40 Sekunden auf, dann folgt schon das nächste Musikstück und so fort.

Abb. 17: Auf dem Ball der Sehenden und Blinden

Der Spielleiter hat also ein Band zurechtzustellen, auf dem sich 10 bis **Hinweise** 16 angespielte Musikstücke unterschiedlichster Art befinden. Nach 5–8 Musikstücken wechseln die Paare die Rollen Sehend und Blind.

Die Musikstücke sollten für sich zu einer kleinen Überraschung bei den Spielenden führen, wie z.B. Titelmelodien der Kinofilme „Doktor Schiwago", „Der Dritte Mann", Miss Marple („Murder, She said"), Inspektor Clousseau (Pink Panther), Zigeunerjazz von Django Reinhardt, Die Prinzen, Comedian Harmonists, Heintje und natürlich bekannte Instrumentalrhythmen wie Tango, Samba und Cha-Cha.

Beim Spiel „Hühnerhof in Farbe" verlässt zunächst ein Spieler – „der **Hühnerhof in** Fuchs" – den Raum (oder evtl. 2 bis 3 Füchse). Die restlichen Spieler **Farbe** sind Hühner. Der Spielleiter hat 4 bis 7 bunte Wäscheklammern (bunte Federn) für seinen Hühnerhof in Vorbereitung. Einige Hühner (je nach Gruppengröße) haben bunte Federn (die Wäscheklammern an der

Kleidung). Der Fuchs hat es nur auf Hühner mit bunten Federn abgesehen. Sein Pech ist es, dass alle Hühner (auch die ohne bunte Federn) zusammenhalten. Die Hühner können den Fuchs täuschen und so tun, als wären sie ein Huhn mit bunter Feder. Erwischt der Fuchs ein Huhn mit bunter Feder bzw. die bunte Feder, wird der Fuchs zum Huhn und umgekehrt. Die „bunten" Hühner haben den großen Vorteil, ihre bunten Federn abgeben zu können. Läuft ein „buntes Huhn" Gefahr vom Fuchs erwischt zu werden, kann sich beispielsweise ein normales Huhn den bunten Schwanz schnappen und einem anderen Huhn anstecken.

Abb. 18: Hühnerhof in Farbe

Hexentanz

„Hexentanz": Die Spielgruppe bildet einen Kreis oder befindet sich in lockerer Aufstellung im Raum. Jeder Spieler hat seine Augen geschlossen. Der Spielleiter geht außen um den Kreis herum und streicht all denen, die eine Hexe werden sollen, sanft über den Rücken. Es hat sich bewährt etwa auf fünf Spieler eine Hexe zu wählen. Sobald der Spielleiter fertig ist und „Hexentanz" ruft, geht es los. Alle Spieler öffnen die Augen und müssen direkt aufpassen und weglaufen können, denn sie kennen ja noch nicht die „Hexen". Die Hexen haben Zauberkräfte, sie können mit derselben sanften Handbewegung über den Rücken jemanden versteinern. Die Versteinerten können mit einer zärtlichen Umarmung erlöst werden. Da eine Hexe auch einmal gern umarmt werden möchte, ruft der Spielleiter nach einigen Minuten „Stopp für alle". Die Nicht-Hexen bleiben stehen (dort wo sie sind – kein Kreis) und schließen die Augen. Die Hexen übertragen nun ihre Hexenkraft jeweils auf einen anderen Spieler (mit sanftem Rückenstreichen). Die alten Hexen werden zu ganz normalen Spielern. Ist die Umwandlung vollzogen, ruft der Spielleiter erneut „Hexentanz" und weiter geht es.

Abb. 19: Hexentanz

Für die Spielform „Ich habe einen Stift bekommen, komisch ich auch" hat der Spielleiter jedem Spielerpaar einen Filzstift ausgehändigt. Jedes Paar benötigt zunächst nur einen Stift. Diesen Stift halten sie zwischen sich nur mit den Fingerspitzen ihrer Zeigefinger fest. Nun probieren die Paare aus, welche Bewegungen der Arme und des Körpers möglich sind (oben, unten, seitlich, im Liegen usw.), ohne den Stift fallen zu lassen. Danach kommt der zweite Stift auf gleiche Art hinzu, denn die Paare haben ja noch zwei Fingerspitzen. So „aneinander-gestiftet" probieren die Paare die Fortbewegung. Das Druckgeben und Drucknehmen entscheidet meist, in welche Richtung gegangen werden soll. Etwas einfacher ist es, wenn beide sich verbal einigen. Die nächsten Schritte sind, dass sich zunächst zwei Paare aneinander-stiften, dann vier Paare, dann je nach Gesamtspieleranzahl acht Paare oder die ganze Gruppe. Die Spieler werden sich von allein in Kreisform aneinander-stiften. Ein, zwei Versuche der Gesamtgruppe, dann endet diese Spielform.

Ich habe einen Stift bekommen, komisch ich auch

Variationen

Besonders agilen Paare bietet man noch einige Filzstifte zusätzlich zum Finger-aneinander-stiften an. Oder man schlägt Vierergruppen vor eine sehr ausgefallene Aneinander-Stiftung herzustellen. Die originellste Aneinander-Stiftung wird gewählt und mit tosendem Beifall bedacht.

Hinweise:

Die Spieler sollten koordinativ nicht überfordert werden. Die Spielenden geben meist, z. B. in der Art, wie heruntergefallene Stifte aufgehoben werden, Auskunft, ob ein Aufgabenwechsel erforderlich ist oder noch nicht. Als Musik hat sich ein klassisch instrumentalistischer Cha-Cha bewährt.

Abb. 20: Ich habe einen Stift bekommen, komisch ich auch

Klopfgeist

Für die Spielform „Klopfgeist" sitzt die Spielgruppe im Stuhlkreis (oder steht im Kreis). Der Spielleiter beginnt, nach rechts zum Nachbarn einen Klopfer (Oberschenkel/-arm) weiterzugeben. Dieser Klopfer wird nach rechts der Reihe nach durchgegeben, bis er beim Spielleiter wieder ankommt. Der Spielleiter fängt diesen einen Klopfgeist mit seiner Hand ein. Es folgt eine Wiederholung nach links. Wieder fängt ihn der Spielleiter ein. Danach gibt der Spielleiter einen Klopfer nach rechts und kurze Zeit später einen Klopfer nach links weiter. Es sind jetzt zwei Klopfgeister unterwegs, die sich irgendwo in der Spielgruppe treffen und überschneiden. Dabei verirrt sich manchmal ein Klopfgeist, verschwindet für immer oder taucht plötzlich irgendwo wieder auf und sorgt für Heiterkeit. Er wird zum Lachgeist. Unbedingt einige Male durchspielen.

Variationen

Der Name Till oder das imaginäre Auto BRRRR wird nach links und der Name Tüll oder das imaginäre Auto PötPötPöt … nach rechts weitergegeben.

Abb. 21: Klopfgeist

Für eine andere Variation werden zwei weiche Bälle in der Phantasie zu Autos. Zuerst fährt ein langsames Auto los – der Ball wird von Hand zu Hand im Kreis weitergegeben. Dann fährt der zweite Ball – ein schnelles Auto – los. Beim Autorennen wird versucht, dass ein schnelles Auto ein langsames Auto vielleicht überholt.

„Hi, Hi. Du bist ja total verspannt". Die Gruppe steht hintereinander im Kreis. Jeder Spieler hat also einen Vordermann. Die Gruppe geht im Kreis. Jeder Vordermann kommt nun in den Genuss einer Massage. Am besten eine Klopfmassage durch leichtes Trippeln der Finger an der betreffenden Körperzone – also der Bereich von Kopf bis Po. Der Spielleiter macht mit und kann die betreffenden Körperzonen ansagen. Ferner kann der Spielleiter, damit alle in den Genuss verschiedener Masseure kommen, a. zum Richtungswechsel auffordern oder b. der Gruppe einen gründlichen Reihenfolgewechsel verordnen. Um im Massagekreis die Spieldynamik zu steigern, sind die Gehgeschwindigkeit zu verlangsamen oder leicht zu steigern und/oder Geräusche zu den trippelnden Fingern zu machen.

Hi, Hi. Du bist ja total verspannt

Für die Variation „Schnipsen und Klatschen" (Stehkreis, ca. eine Armlänge Abstand) gibt der Spielleiter an, dass man dem Nachbarn ein Lächeln in das Gesicht schnipsen soll (ohne das Gesicht des Nachbarn zu berühren) oder dass man den Nachbarn wach klatschen soll. Man gibt zunächst einen Schnipser in eine Richtung weiter. Später erfolgen

Schnipsen und Klatschen

– nach der Demonstration durch den Spielleiter oder durch einen zufälligen Einfall eines Spielers – spontane Richtungswechsel. Dabei kann es z. B. zu Situationen kommen, wo zwei sich immer wieder gegenseitig anschnipsen oder -klatschen – bis einer von beiden diesen kleinen Machtkampf aufgibt und den Schnipser/Klatscher weitergibt.

Der Spielleiter sollte unbedingt darauf besehen, dass sich die jeweiligen Akteure anschauen. Das Schnipsen wie auch das Klatschen kann mit einem seitlichen Ausfallschritt ausgeführt werden.

Abb. 22: Hi, Hi, Du bist ja total verspannt

Abb. 22: Schnipsen und Klatschen

Der Spielleiter erklärt zunächst der ganzen Spielgruppe (Sitzkreis) das Spiel „Wer ist der Clown? Ein Spieler wird gleich zum Verursacher aller komischen Bewegungen seiner Mitspieler. Dieser Spieler lässt sich immer neue Bewegungen mit Gestik, Körperhaltung oder Mimik einfallen. Seine Bewegungen machen alle anderen nach. Zum Beispiel schlägt er die Beine übereinander – alle schlagen die Beine übereinander; fasst sich ans Ohr – alle fassen sich ans Ohr; er gähnt – alle gähnen; er wackelt mit dem Unterkiefer – alle wackeln mit dem Unterkiefer. Sehr wichtig: Der Verursacher wartet immer, bis alle seine Bewegung nachmachen, und macht dann erst wieder eine neue Bewegung. Ferner ist es wichtig, dass jeder Mitspieler genau nachahmt. Nun wird ein Detektiv eingeschaltet. Wer möchte Detektiv sein? Der Detektiv verlässt den Raum. Die Spielgruppe spricht ab, wer die Bewegungen anführt. Der Detektiv wird wieder hereingerufen und muss nun herausfinden, wer der Bewegungsverursacher ist."

Das Spiel sollte mehrmals durchgespielt werden.   **Hinweis**

Abb. 24: Wer ist hier der Clown

Das Spiel „Ich bin dir so dankbar Meister!" ist eine Variation des bekannten Mörderspiels. Die Spielgruppe sitzt im Kreis. Einer der Spieler ist ein Hypnotiseur, der durch Zublinzeln hypnotisiert. Aber keiner aus der Spielgruppe kennt ihn; sie sind die Opfer. Nur ein Spieler weiß, dass er der Hypnotiseur ist. Immer wenn der Hypnotiseur einen anderen Spieler anblinzelt, sinkt dieser theatralisch vom Stuhl, röchelt dabei „Ich bin dir so dankbar Meister" und verfällt in Trance. Hierbei ist es unbedingt notwendig, dass der Angeblinzelte seinen „Meister" weder gestisch noch mimisch verrät. D. h., er reagiert nicht direkt auf das Anblinzeln, sondern 2–3 Sekunden später. Jeder Angeblinzelte hält den Trancezustand bis zum Ende des Spiels durch. Alle noch normalen Spieler haben durch geschicktes Beobachten die Möglichkeit, den Hypnotiseur herauszufinden. Hat ein Spieler einen Verdacht, sagt er „Verdacht" und zeigt auf den vermeintlichen Hypnotiseur. Hat er Recht gehabt, ist das Spiel beendet und eine neue Spielrunde könnte beginnen. Hat er allerdings einen falschen Verdacht geäußert, sinkt auch er theatralisch vom Stuhl, röchelt dabei „Ich bin dir so dankbar Meister" und verfällt in Trance

Variation

Die Auswahl des Hypnotiseurs verläuft immer wie folgt: Ich sage der Spielgruppe, dass ich einem Spieler sanft, aber wahrnehmbar auf die Schulter drücke. Die Spielgruppe schließt die Augen und ich gehe außen um die Spielgruppe herum. Drücke ich einem Spieler dann auf die Schulter, weiß dieser, dass er der Hypnotiseur ist. Kurze Zeit später fordere ich dann die Spielgruppe auf, die Augen wieder zu öffnen und mit dem Spiel zu beginnen.

Eine weitere Einteilungsmöglichkeit ist: Spielkarten mit nur einem König werden verteilt. Der „König" bestimmt dann den Hypnotiseur. Variation: Es kann ein Verdacht auch von zwei Spielern geäußert werden. Diese besprechen sich kurz vorher.

Abb. 25: Ich bin dir so dankbar Meister!

Für die Spielform „Alle wechseln die Plätze, die gerne Knoblauch essen!" sitzen oder stehen die Spieler im Kreis. Jeder Spieler, der sich angesprochen fühlt oder eine Aussage bejahen kann, wechselt seinen Platz. Der Spielleiter hat nicht nur das Spiel erklärt, sondern auch hervorgehoben, dass er fünf Gründe zum Wechseln gibt und danach immer ein Spieler durch Ruf aus der Gruppe.

Alle wechseln die Plätze, die gerne Knoblauch essen!

Abb. 26: Alle wechseln die Plätze, die gerne Knoblauch essen!

Alle wechseln die Plätze, die gerne radeln, singen, Tee trinken, einen Sonnenuntergang sehen, lachen, wenn sie einen Witz hören, und die gerne auf dem Mond spazieren gehen möchten.   **Beispiele**

Die Spielform „Komm auf meinen rechten Platz – als eine Mikrowelle!" ist sehr bekannt. Die Gruppe sitzt im Kreis. Ein Stuhl ist frei – ein Spieler hat also zu seiner Rechten einen leeren Stuhl. Auf diesen Stuhl kann er sich einen Mitspieler seiner Wahl wünschen – entweder durch Namensruf, durch Anblinzeln oder durch Zeigen. Dieser Mitspieler muss nun auf dem Weg zum „freien rechten Stuhl" eine Aufgabe erfüllen.

Komm auf meinen rechten Platz – als eine Mikrowelle!

Beispiele für solche Aufgaben: „Mein rechter Platz ist leer – ich wünsche mir dich Blinzel/Blinzel als Staubsauger her." Danach wird ein weiterer Platz frei und ein neuer Spieler stellt ein neue Aufgabe. Der Spielleiter nennt einige Beispiele: Haushaltsgeräte (z. B. Kühlschrank, Mikrowelle, Toaster), Tiere (z. B. Schlange, Affe, Giraffe, Känguruh) Eigenschaften/Tätigkeiten (z. B. vornehm, stolz, schüchtern, hungrig).   **Variationen**

Abb. 27: Komm auf meinen rechten Platz – als eine Mikrowelle

Die blinde Schlange

Beim Spiel „die blinde Schlange" fasst sich die Spielgruppe hintereinander stehend auf die Schulter des Vorderen, so dass eine Schlange entsteht. Der Schlangenkopf (der vorderste Spieler) kann sehen; die Spieler, die den Schlangenkörper bis zum Schlangenende verkörpern, sind allerdings blind. Sie werden vom Schlangenkopf nun durch den Raum geführt. Es wird nicht gesprochen, die Verständigung erfolgt durch Berührung. Manchmal muss der Spielleiter beim ersten Mal der Schlangenkopf sein und auch auf verschiedene Raumwege hinweisen. Ein Abschlussgespräch kann Antworten zu folgenden Fragen (Beispiele) erbringen: Wer führt? Wie wurde geführt? Wie sicher fühlte man sich? usw.

Hinweis

Siehe auch die methodischen Hinweise zum „Blind sein" in Kapitel 2 des Buches.

Das geht auf die Haut!

Bei Spiel „Das geht auf die Haut!" wird nicht gesprochen. Ein Spieler A schreibt seinem Partner B, der die Augen geschlossen hat, mit seinem Zeigefinger zunächst ein Wort (Druckschrift, Buchstabe für Buchstabe) auf den Unterarm. Sein Partner nennt ihm laut den Begriff. Haben sich die Spieler „eingeschrieben" stellt Spieler A auf die gleiche Weise eine Frage an Spieler B. Dann schließt er die Augen. Partner B öffnet nun seine Augen und antwortet auf dem Unterarm von A. Kurze Sätze verwenden. Immer nur einen Satz! Man kommt in einen Plausch. Die Sätze klar mit Satzeichen beenden. Man darf sich räuspern, um anzuzeigen „Ich habe verstanden/Ich habe nicht verstanden."

Abb. 28: Die blinde Schlange

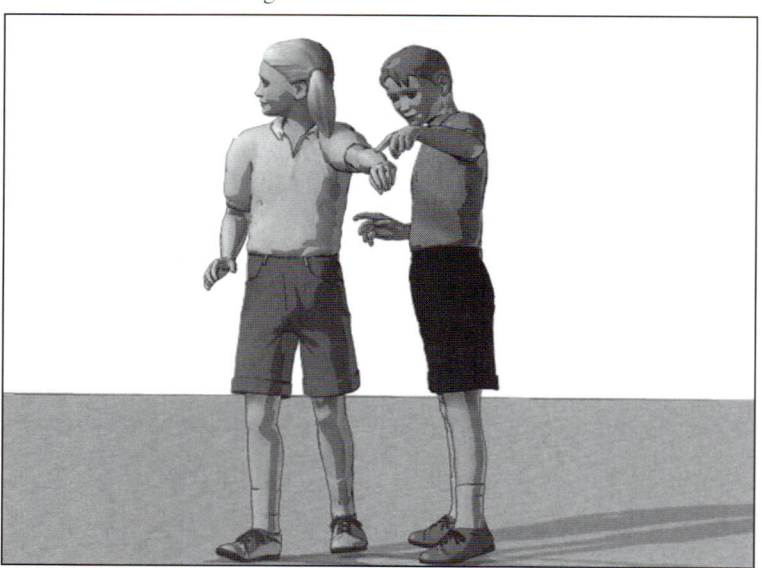

Abb. 29: Das geht auf die Haut

Beim Spiel „Die Hörprobe" ist die Gruppe frei im Raum verteilt. Jeder Spieler hat die Augen geschlossen. Die Spieler sollen sich zu einem Geräusch/einer leisen Musik:

Die Hörprobe

- hindrehen (bleiben aber auf ihrem Platz)
- mit dem Arm in die Richtung zeigen (bleiben auf ihrem Platz)

- darauf zugehen
- einem Geräusch blind folgen.

Abb. 30: Die Hörprobe

Der Spielleiter erzeugt Geräusche und/oder Musik z.B. mit seinem Körper/Mund, mit einer Spieluhr, einem Diktiergerät, einer Rassel, einem Schlüsselbund oder durch seine Gehgeräusche. Folgende Ausführungsbesonderheiten müssen erwähnt werden:

a) Abwechselnd verschiedene oder durchgehend nur ein Geräusch/e.

b) Ferner kann ein Geräusch kurz zu hören sein, dann verstummen und an einer anderen Stelle wieder auftauchen.

c) Eine leise Musik, wie z.B. von einer Spieluhr, bietet sich für eine durchgängig blinde Wanderung an.

d) Der Spielleiter geht mit seinem Geräusch bis zu einer bestimmten Stelle, bleibt stehen und übergibt dem ersten blinden Spieler, der ihn berührt, das Geräuschinstrument, schließt selbst die Augen und folgt dem neuen Rattenfänger, der – jetzt sehend – wiederum nur bis zu einer bestimmten Stelle im Raum geht und dort das Geräuschinstrument weitergibt und so fort.

Kennen Sie meinen Rücken Die Spielgruppe bewegt sich bei der Spielform „Kennen Sie meinen Rücken?" ruhig und mit geschlossenen Augen rückwärts durch den Raum. Der Spielleiter gibt Obacht. Die Rückwärtsgeher suchen Kontakt mit einem anderen Rücken. Treffen nun zwei Rücken aufeinander, begrüßen/erfühlen sie sich durch sanftes Anschmiegen. Wenn sich die Rücken besser kennen, lösen sich die Paare wieder auf und suchen einen neuen Rücken zum Kennenlernen.

Abb. 31: Kennen Sie meinen Rücken

Für Reflexionen am Ende des Spiels bieten sich folgende Fragen an:
Wie fühlte sich der Rücken an? Was hast du mit deinem Rücken ausgedrückt? Was teilte dir der andere Rücken mit?

Für die Spielform „Ich lerne Auto fahren!" teilt sich die Spielgruppe
in Paare auf. Ein Spieler übernimmt die Rolle eines Automobils, der
andere den Fahrer. Der Fahrer stellt sich hinter das Auto, seine Hände
hat er auf die Schultern des „Autos" gelegt. Wenn das Spiel beginnt,
schließt das Automobil die Augen und lässt sich vom dahinter stehenden Fahrer führen. Es ist ratsam, dass sich die Partner erklären, dass sie
aufeinander und auf andere Paare Acht geben. Nach dem Spiel besprechen die Paare ihr Fahrverhalten und die gefundenen Lenkregeln;

Ich lerne Auto fahren!

* ohne Berührung, nur mit Stimme lenken,
* mit einer ruhigen und einer eher hektischen Hintergrundmusik im
  Vergleich durch den Raum,
* verschiedene Geschwindigkeiten und Geräusche wie Hupen, Beschleunigen, Bremsen werden mit hinzugenommen.

Variationen

Die Spielform „Wer hat mich berührt?" beginnt mit drei freiwilligen
Spielern. Die restlichen Spieler setzen sich auf den Boden oder auf
Stühle und schließen die Augen – diese Gruppe „schläft". Die drei
Spieler haben nun die Aufgabe, jeweils drei Schlafende zu berühren.
Danach stellen sie sich wieder vor die Gruppe, erst jetzt dürfen die
Schlafenden aufwachen und müssen nun erraten, wer sie im Schlaf

Wer hat mich berührt?

berührt hat. Unbedingt wiederholen und durchwechseln. Auch der Spielleiter kann mitmachen.

Die Berührung kann z. B. auch das Umlegen des nach oben gestreckten Daumens sein.

Abb. 32: Ich lerne Auto fahren

Abb. 33: Wer hat mich berührt

Für die Spielform „Mein Partner führt mich!" braucht jeder Spieler einen Partner. Spieler A ist der Sehende – der Behüter – und Spieler B ist der Blinde – der Beschützte. Die Duo-Gruppen erhalten der Reihe nach folgende Aufgaben:

Mein Partner führt mich!

- Führen des Blinden durch den Raum mit Handfassung.
- Führen des Blinden durch den Raum mit kurzen Berührungen: Kopf (Stopp), Brust (vorwärts), Rücken (zurück), linker Oberarm (Linksdrehung), rechter Oberarm (Rechtsdrehung).
- Führen des Blinden durch den Raum mit verbalen Kurzformeln: Stopp, vorwärts, halbe Drehung, ganze Drehung, zurück, links, rechts (evtl. langsamer, schneller, hüpfen).
- Führen des Partners durch den Raum mit Comic-Kommandos, z. B.: Stopp = Schnockkk, vorwärts = Zuck, rückwärts = Flötsch.
- Führen des Partners ohne Sprache und ohne Berührung: Diese Variante erfordert sehr viel Ruhe im Raum. Die Wärme der Hände, der Atem und die leisen Fortbewegungsgeräusche helfen dem Partner.
- Für die Blinden (s. o.) befinden sich auf Tischen/Stühlen reale Gegenstände zum Befühlen und Erraten. Blinde und Sehende werden sich nun auch unterhalten wollen. Der Spielleiter hat entsprechend der Teilnehmerzahl zwei Sortimente (Gruppe A und B) parat. Es sollte sich nach Möglichkeit in der Mehrzahl um Alltagsgegenstände handeln (z. B. Regenschirm, Duschkopf, Holzmaus auf Rädern, Brille, Schuhe, Zollstock, Hüte).

Wie viele Aufgaben die Partner erleben können und sollen, hängt von der Zeit, der Einfühlung in die Bedürfnisse der Gruppe und davon ab, wie der Spielleiter die Konzentration der Spieler beurteilt.

Hinweis

Abb. 34: Mein Partner führt mich

| **Der Lotse** | Für die Spielform „Der Lotse" werden im Raum Tische und Stühle so gestellt, dass der Raum nicht auf einer Geraden durchquert werden kann. Spieler A ist blind und stumm. Er steht an der linken Seite des Raumes. Er sollte keine Gelegenheit haben, sich den Weg durch die Hindernisse einzuprägen. Spieler B befindet sich seitlich zum Hindernisparcours und hat die Aufgabe, mit verbalen Anweisungen seinen Partner heil durch den Parcours zur rechten Seite des Raumes zu lotsen. Spieler B steht ca. 3 Meter von Spieler A entfernt. |

Hinweis Es kann notwendig sein, dass mit einem sehr einfachen Parcours begonnen wird. Hilfreich ist es außerdem, wenn der Spieler A den Parcours für Spieler B aufbaut und umgekehrt.

Abb. 35: Der Lotse

| **Namensruf** | Für das Spiel „Namensruf" gibt es mindestens zwei Ausgangsstellungen für die Gruppe (siehe Variation A und B). Die Spieler müssen sich mit dem Namen kennen. Der Sinn von „Namensruf" ist, dass ein Sehender den Namen seines blinden Partners (sein Gegenüber) ruft. Der Blinde geht nun auf die seinen Namen rufende Stimme zu und umarmt seinen Partner, dann öffnet er die Augen. |

Variation A Stehen sich zwei Reihen gegenüber (3–6 Meter, jeder Spieler hat einen Gegenüber), kann man damit beginnen, dass die Blinden geradlinig auf ihren sehenden Partner zugehen. Bei einer Wiederholung können die Positionen der Sehenden verändert werden. Die Stellungsveränderung geschieht natürlich, nachdem die „Blinden" blind geworden sind. Die Blinden haben es nun schwieriger. Bei weiteren Durchgängen kann auch der Abstand vergrößert werden. Das Reizvolle an diesem Spiel ist, dass die Sehenden nicht einzeln rufen, sondern sie rufen annähernd gleichzeitig und häufig.

Erfolgt der „Namensruf blind" im Kreis, dann wird zunächst auf Eins, **Variation B**
Zwei, Eins, Zwei usw. durchgezählt. Der Spielleiter macht bei einer ungeraden Spielerzahl natürlich mit. Die Zweien heben kurz ihren Arm, und suchen per Blick (ohne zu sprechen) einen Partner ohne gehobenen Arm im Kreis gegenüber. Die Arme werden wieder heruntergenommen und die Augen geschlossen. Die Zweier schließen die Augen. Auf das Kommando „Jetzt" rufen die Sehenden Einser ihre blinden Zweierpartner zu sich durch den Kreis. Wichtig ist hierbei, dass sich die Spielenden mit Namen kennen (evtl. Namensschilder).

Alternativ zum Namensruf können die Paare auch vorab akustische Signale vereinbaren.

Abb. 36: Namensruf

Zunächst werden vier freiwillige „Musikliebhaber" benötigt. Die rest-   **Musikliebhaber**
liche Spielgruppe teilt sich in Paare auf. Die Partner stehen sich mit Handfassung gegenüber. Heben sie gemeinsam (zu zweit) ihre Arme, entsteht ein Musiktor. Durch diese Musiktore müssen die vier Musikliebhaber gehen. Einziges Handicap ist, dass die Musikliebhaber nur

mit geschlossenen Augen einen wirklichen Hörgenuss haben. Damit diese Tore gefunden werden können, singen oder summen oder pfeifen die Musiktore eine Melodie, wenn sich ein Musikliebhaber nähert. Diese Melodie muss nicht unbedingt einschlägig bekannt sein, aber deutlich hörbar. Den Musikliebhabern wird bekannt gegeben, wie viele Tore sie durchschreiten müssen, ehe sie ihre Augen wieder aufmachen dürfen. Danach können sie befragt werden, wie viele Melodien sie erkannt/nicht erkannt haben.

Variation

Kommt ein Musikliebhaber an ein Musiktor und ist das Tor noch geschlossen, dann muss er eine Frage beantworten, damit sich das Tor öffnet.

Abb. 37: Musikliebhaber

Heißes Wasser

Vor dem Spiel „Heißes Wasser" haben sich die Spieler im Raum verteilt. In ihrem Blickfeld können sie viele Mitspieler wahrnehmen. Der Spielleiter erläutert. Die Gruppe soll ab nun als eine (homogene) Einheit reagieren und handeln. Der Handlungsablauf wird grob vorgegeben und kann in den Wiederholungen detaillierter werden. Der Handlungsablauf ist sehr einfach und umfasst: Aus dem Stehen langsam den ersten Schritt machen und ins Gehen kommen, langsam und kontrolliert wird die Gehgeschwindigkeit gesteigert, bis die Gruppe läuft. Das Laufen kann wiederum bis an die Grenze des physisch und räumlich Möglichen reichen. Ansonsten gilt das schnelle Laufen als Umkehrpunkt, von dem aus das Tempo nach und nach wieder langsamer wird, bis die Gruppe wieder zum Stillstand kommt.

Als Vorstellungsbild kann den Spielern z. B. das langsame Erhitzen und
Abkühlen von Wasser in einem Topf dienen. Die Spieler sind in einem
Topf (dem Raum), dieser Topf wird erhitzt, das Wasser wird wärmer,
die Wassermoleküle beschleunigen (die Spieler steigern ihr Tempo),
das Wasser kocht (die Spieler laufen schnell), die Wärmezufuhr wird
abgestellt (die Spieler verlangsamen ihr Tempo), das Wasser kühlt ab
(die Spieler bewegen sich ganz langsam) und so fort, bis die Gruppe
steht.

Der Spielleiter sollte vor allem von außen darauf achten, wann welche **Hinweis**
Person/en die Führung übernehmen. In einer Wiederholung sollte der
Gruppe gesagt werden, dass die Gruppe so viel Zeit hat wie nötig, um
ohne Führung, als ein Wesen sozusagen, zu agieren.

Der Spielleiter muss Gefahrenmomente durch Ausrutschen und Zusam-
menprallen vorab ansprechen.

Abb. 38: Heißes Wasser

Die Grundidee des Spiels „Brummbären" besteht darin, auf Überein- **Brummbären**
stimmendes mit anderen zu achten. Alle laufen durcheinander, laufen
dorthin wo Platz ist (nicht im Kreis). Ein Spieler, der anfangs bestimmt
wurde, ruft „Brummbären – Schuhfarbe! Oder „Brummbären – Augen-
farbe" oder „Brummbären – Haarfarbe" oder „Brummbären – Hemd-
farbe" usw. Nun finden sich alle zusammen, die die gleiche Farbe haben
und legen die Arme umeinander, wenn möglich, können die einzelnen

Gruppen auch vor Vergnügen brummen. Man sollte dies einige Male durchspielen. Weitere Möglichkeiten: „Brummbären – Geburtstagsmonat" oder „Brummbären – Sternzeichen" oder „Brummbären – Haustier" oder „Brummbären – Lieblingsspeise Eis/Spaghetti/Äpfel" usw.

Wird für ein nachfolgendes Spiel eine bestimmte Gruppengröße erforderlich, kann man zum Abschluss z. B. auch „Brummbären –Vierergruppe" rufen.

Abb. 39: Brummbären

Der tolle Magnet | Für die Spielform „Der tolle Magnet" müssen sich die Spieler mit Namen kennen. Die Spielgruppe bewegt sich zu einer Geh- oder Laufmusik einzeln durch den Raum. Stoppt die Musik, ruft der Spielleiter oder ein Spieler den Namen eines Mitspielers. Daraufhin versuchen alle schnell zu dem gerufenen Spieler zu gelangen und ihn sanft zu berühren. Als Vorstellungsbild dient der Magnet. Der gerufene Spieler ruft beim nächsten Musikstopp den Namen eines anderen „anziehenden" Mitspielers. Achtung: Einige Jungen greifen hier oft rüde zu. Das bedeutet, dass dieses Spiel zunächst in kleinen Gruppen geübt werden muss.

Variation
- Eine VIP-Person (*Very Important Person*) oder ein Lottogewinn wird als Vorstellungsbild benutzt.
- Sprache wird benutzt, beispielsweise beim Lottogewinner euphorische Glückwünsche.

Abb.40: Der tolle Magnet

„Was hat sich verändert?“: Drei oder vier Spieler stehen vor der Spielgruppe. Die Spielgruppe ist in ihren Bewegungen ruhig bis eingefroren. Die Spieler erhalten nun die Aufgabe, die Gruppe (evtl. auch die Gegenstände im Raum) genau zu beobachten und sich einzuprägen. Danach verlassen sie den Raum, sie werden vom Spielleiter wieder hereingerufen und müssen nun die 5 bis 10 Veränderungen (Haltung und evtl. Gegenstände) herausbekommen, die die Spielgruppe vorgenommen hat.

Was hat sich verändert?

Zur Sicherheit kann der Spielleiter die Änderungen an der Tafel oder auf einem Blatt Papier notieren.

Hinweise

Bevor mit der Spielform „Rücken an Rücken?“ begonnen wird, sucht sich jeder Spieler einen Partner. Die Spieler stellen sich Rücken an Rücken und berühren sich. Zunächst lernen sich ihre Rücken kennen. Wer drückt? Wie drückt ihr euch aneinander? Wer gibt nach? Wie fühlt es sich an, wenn ihr eure Rücken aneinander reibt? usw. sind mögliche Fragen des Spielleiters. Nach einiger Zeit machen sich die Spieler auf den Weg durch den Raum ohne den Rückenkontakt aufzugeben und ohne Sprache. Wer führt? Wer gibt nach? Wie kommt ein Richtungswechsel zustande? Wie bewegt ihr euch fort? usw. sind Fragen des Spielleiters an die Paare.

Rücken an Rücken?

Wichtig: Partnerwechsel und ruhige Hintergrundmusik.

Hinweis

Abb. 41: Was hat sich verändert?

Abb. 42: Kennen Sie meinen Rücken

| **Wassertropfen-wesen** | Das Spiel „Wassertropfenwesen" ist ein hervorragendes Mittel um Gruppenkontakt zu erhalten. Ein Wassertropfen ist eine kleine Flüssigkeitsmenge von kugeliger oder länglich-runder Form. Wassertropfenwesen sind Menschen in einem Tropfen, die sich dann als Tropfen sehr eng aneinander gedrückt fortbewegen können. Diese Tropfen |

wollen irgendwo hin und damit es ein Tropfen bleibt, bilden einige äußere Spieler mit ihren Armen und Handfassung einen Kreis, den sie ebenfalls ganz eng um die ganze Gruppe herumlegen. Nun beginnt der Tropfen oder die Tropfen sich fortzubewegen, indem sie verschiedene Ziele im Raum ansteuert. Erst langsam, mit zunehmender Vertrautheit schneller.

Das gleiche Grundprinzip mit einem anderen Motiv: „Die Rinderherde". Rinder sind Herdentiere, die sich zum Schutz eng zusammenstellen. Die Spielgruppe wird zu einer oder mehreren Rinderherden. Die Rinderherden stellen sich sehr eng aneinander gedrückt. Sie werden durch ein riesiges Lasso gehalten (einige Spieler bilden mit ihren Armen und Handfassung ein Lasso; eng um die ganze Gruppe gespannt). Die Rinderherde steuert einige Ziele im Raum an. **Variation – Die Rinderherde**

- Alle Rinder sind blind und brüllen „muh"; ein Spieler in der Mitte darf dann noch als Einziger sehen. **Variationen**
- Alle sind blind; ein Spieler in der Mitte als Einziger sehend.
- Alle sind blind, der Wassertropfen folgt Geräuschen (Spielleiter).

Abb. 43: Wassertropfenwesen

Für das Spiel „Fühl mal, was da kommt!" werden aus einer Sammelsuriumskiste unterschiedliche Gegenstände benötigt. Die Spielgruppe sitzt mit geschlossenen Augen im Sitzkreis. Jeder probiert einmal aus, seinen Partnern blind die Hand zu reichen. Danach bleibt jeder für sich. **Fühl mal, was da kommt!**

Der Spielleiter bringt nun verschiedene Gegenstände zum Befühlen (an verschiedene Stellen des Kreises) in Umlauf. Hinter jedem zweiten, dritten oder vierten Spieler legt der Spielleiter einen Gegenstand ab. Die Spieler dürfen sich dann diesen Gegenstand greifen und befühlen. Wenn sie meinen, den Gegenstand genug befühlt zu haben, reichen sie ihn nach rechts weiter. Irgendwann kommt jeder Gegenstand wieder zu seinem Ursprung zurück. Dort angekommen werden die Gegenstände in die Mitte gelegt. Der Spielleiter lässt sich dann von der Gruppe (Augen sind noch geschlossen) die erkannten Gegenstände nennen. Schließlich öffnen alle Spieler die Augen und tauschen ihre Eindrücke aus. Folgende Fragen des Spielleiters sind möglich: Welche Dinge haben sich schön angefühlt? Welche Dinge waren unangenehm? Welche Farbe hatte der Ball? Hatte man ein klares/verschwommenes Vorstellungsbild? Wann oder woran hat man das Objekt erkannt?

Interessant ist es, wenn die Spieler am Ende solche Dinge nennen, die ihnen gefehlt haben (und umgekehrt).

Abb. 44: Fühl mal, was da kommt!

Hinweis Eine Sammelsuriumskiste kann z. B. enthalten: Diverses Spielzeug (Autos, Teddybären, Figuren), trockene Seife, Kastanie, Zahnbürste, altes Telefon, Duschkopf, Joystick, Aftershave, kleiner Beutel mit Reißverschluss und Stein, Bälle, Schaumstoffwürfel, Zollstock.

Abb. 45: Mein Schuh ist mein Hut

Zu Beginn des Spiels „Mein Schuh ist mein Hut" ziehen alle Gruppenmitglieder ihre Schuhe aus. Jeder Spieler benötigt nur einen seiner
Schuhe. Dieser Schuh ist sein neuer Hut. Jeder trägt nun einen Schuh
frei auf dem Kopf. Die Spieler gehen zunächst sehr stolz durch den
Raum und werden dann aufgefordert verschiedene Gehgeschwindig-
keiten, verschiedene Bewegungshöhen (kriechen, springen, hüpfen)
auszuprobieren. Wer seinen Schuh verliert, bleibt wie erfroren stehen.
Dieser Eismensch muss auf einen netten Mitspieler hoffen, der ihm
seinen Schuh wieder auf den Kopf setzt. Jetzt darf sich der „Eismensch"
wieder bewegen. Verliert der Helfer auch seinen Schuh, werden beide
zu „Eismenschen" und warten auf freundliche Mitspieler.
Variationen:

Mein Schuh ist mein Hut

- Der „Eismensch" darf sich seinen Helfer durch Blickkontakt/ **Variationen**
  Zublinzeln auswählen.
- Die Spieler bewegen sich zu einer (hektischen) Laufmusik.
- Der Raum, in dem sich die Spieler bewegen, wird verkleinert.
- Im Raum werden Hindernisse (Bänke, Kästen) aufgestellt.

Im Spiel oder in der Übung „Aufstehen und Hinsetzen" soll die Gruppe
als eine homogene Einheit handeln (ohne einen Anführer). Die Gruppe
kann im Stuhlkreis oder in einer Stuhlreihe sitzen. Die Gruppe darf sich
nicht absprechen und während der Übung nicht sprechen. Jeder muss
jedoch innerlich hellwach sein und mit der Vorstellung arbeiten, ein Teil
einer Einheit zu sein. Die Übung „gemeinsam aufstehen und gemein-

Aufstehen und Hinsetzen

sam hinsetzen" wird drei- oder viermal wiederholt. Damit kann dem einzelnen Spieler die Gelegenheit gegeben werden, sich langsam in der Gruppe wohl zu fühlen und gemeinsam das Tempo zu steigern. Es ist sinnvoll stufenweise zu beginnen. Hier einige Beispiele:

a) zu zweit gegenüber sitzend,
b) zu zweit nebeneinander sitzend,
c) zu zweit verteilt im Raum mit Sichtkontakt,
d) in der Kleingruppe (3–7 Spieler) gegenüber sitzend,
e) in der Kleingruppe (3–7 Spieler) nebeneinander sitzend,
f) in der Kleingruppe verteilt im Raum mit Sichtkontakt,
g) in der Großgruppe im Kreis,
h) in der Großgruppe verteilt im Raum

Variation

Die Spieler zählen laut während ihrer Aktion. Die Spieler versuchen bis Acht aufzustehen – sich bis Sechzehn hinzusetzen. Diese Übung wird zu zweit begonnen, dann kann die Gruppe nach und nach vergrößert werden, bis die Gesamtgruppe gemeinsam handelt (s. o.). Ziel ist es hierbei, bereits zu zweit gemeinsam in acht Zeiten aufzustehen und sich in acht Zeiten zu setzen. Jede Zähleinheit ist an deutliche Bewegungen gebunden. Anfangs sprechen die Paare ihre Zahlen laut mit, später wird während der Übung nicht mehr gesprochen.

Abb. 46: Aufstehen und Hinsetzen

Für das Spiel „Hundertmünder" sind ein warmer Raum, eine Abdunk- **Hundertmünder**
lung und ein Teppichboden oder Gymnastikmatten oder Decken notwendig. Die Gruppe liegt wie ein Stern am Boden. Die Köpfe sind der Mitte
zugewandt, die Körper berühren sich und die Beine strahlen nach außen.
Der Spielleiter gibt an, dass die Gruppe selbständig damit beginnt, wie
aus einem Mund zu sprechen – ohne Anführer oder Nachsprecher. Es
soll wie aus einem Mund von der Zahl Eins bis zur Zahl Einhundert und
zurück zur Zahl Eins durchgezählt werden. Das ist alles.

Sehr hilfreich ist es, wenn die Spieler während der Übung ihre Augen **Variation**
schließen.

Als Variation bietet sich an, dass die Spieler den Stern mit den Köpfen
nach außen und den Füßen nach innen bilden.

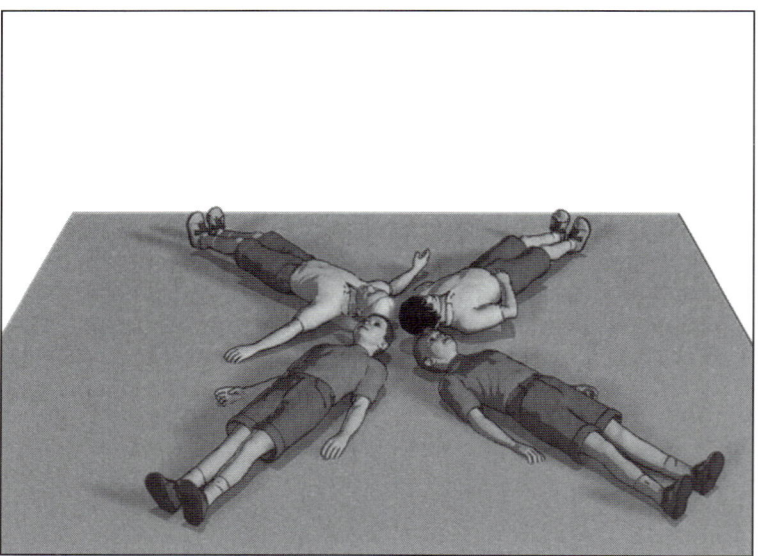

Abb. 47: Hundertmünder

Zu Beginn der Koordinationsübungen „Kreis und Kreuz" macht der **Kreis und Kreuz**
Spielleiter die Bewegungen vor, die Spieler versuchen, es nachzuma-
chen und weiterzuentwickeln:

1. Der Zeigefinger des nach vorn gestreckten Armes malt einen Kreis
    in die Luft. Gleichzeitig malt der Zeigefinger des linken Armes
    ein Kreuz. Beide Symbole sollen gleichzeitig fließend in die Luft
    geschrieben werden.

2. Etwas schwieriger ist: Der linke Fuß malt einen Kreis in die Luft und der rechte Arm malt gleichzeitig die leserliche Unterschrift des eigenen Namens (Buchstabe für Buchstabe) in die Luft.

Mit anderen Symbolen ergeben sich mannigfaltige Variationsmöglichkeiten, die durch eine dritte/vierte Bewegung gesteigert werden können:

3. Der Kopf nickt (oder kreist oder verneint), der rechte Arm beschreibt einen Kreis und der linke Arm zeichnet die Zahl 4 in die Luft.
4. Der Kopf kreist, die linke Hand öffnet und schließt sich, der rechte Arm zeichnet ein Quadrat in die Luft und der linke Fuß kreist.

Abb. 48: Kreis und Kreuz

Hüpfvariationen Bei den „Hüpfvariationen" handelt es sich um einfache Koordinationsaufgaben im Raum, die in der angegebenen Reihenfolge durchgeführt auch zur Erwärmung benutzt werden können. Der Spielleiter demonstriert und die Spieler machen nach:

1. Hüpfen durch den Raum und dabei die Knie hochziehen;
2. Hüpfen durch den Raum, dabei nicken und immer ein lautes „Ja, Ja, Ja, Ja, …" sagen;
3. Hüpfen durch den Raum, dabei nicken und immer ein lautes „Nein, Nein, Nein, …" sagen;
4. Hüpfen durch den Raum, dabei den Kopf nach links und rechts drehen (also verneinen) und dazu immer „Ja, Ja, Ja, …" sagen;

5. Alle Spieler (auch der Spielleiter) suchen sich einen Partner. Beide hüpfen durch den Raum. Spieler A sagt dabei immer „Ja, Ja, Ja, ..." und sein Partner „Nein, Nein, Nein, ...".;

6. Die Paare bleiben zusammen. Sie hüpfen einander zugewandt seitwärts durch den Raum (ca. 1 Meter Abstand). Beide Spieler beginnen leise ihr „Ja" oder „Nein" zu sagen, steigern sich und versuchen, sich am Ende zu übertönen.

Abb. 49: Hüpfvariationen

Für das Spiel „Vier Ingenieure und vier Finger" hat der Spielleiter vorab mindestens vier große Postpakete zum Falten besorgt. Ziel des Spieles ist es, den Karton zusammenzufalten, ihn hochzuheben, ihn über eine Strecke zu transportieren und ihn am Ausgangspunkt wieder auseinander zu falten. Die Spieler sind in drei oder vier Fünfergruppen zusammen. In jeder Raumecke befindet sich eine Gruppe. In der Raummitte befindet sich ein Hut. Ein Spieler pro Gruppe wird auserkoren um bei einer anderen Gruppe die Einhaltung der Regeln zu überwachen. Bei Regelverstößen hat er das Recht, die Gruppe zum Ausgangspunkt zurückzuschicken (ohne dass der Karton wieder zerlegt werden muss). Die anderen Spieler jeder Gruppe stecken ihre linke (oder rechte) Hand in die Hosentasche – dort bleibt sie das ganze Spiel. Nur mit dem Zeigefinger der freien Hand darf der Karton gefaltet, bewegt und transportiert werden (pro Gruppe vier Finger). Auf das Zeichen „Los" wird der Karton gemeinsam zusammengefaltet, angehoben, transportiert, abgesetzt und auseinander gefaltet, bis er wieder flach auf dem Boden liegt.

Vier Ingenieure und vier Finger

Die Gruppe, die dies zuerst schafft, hat natürlich gewonnen. Der Hut in der Mitte des Raumes muss einmal ganz umrundet werden.

Abb. 50: Vier Ingenieure und vier Finger

Spielen und Darstellen

- **Geräusche, Töne, Sprache**
- **Darstellen mit Sprache und Bewegung**
- **Assoziieren und Erzählen**
- **Pantomime/Bewegungstheater**

Kapitel

4

Für das Spiel „Hör mal blind zu!" stehen im Raum z. B. ein Stuhl, ein Tisch mit einer Flasche Wasser, einem Glas und einer Zeitung. Ein bis drei Spieler produzieren mit diesen Materialien ein kleines Hörspiel. Dazu können sie auch mit ihrer Stimme Geräusche machen. Ein Hörspiel-Ablauf könnte z. B. wie folgt aussehen: Sehr gehetzt in den Raum kommen, auf dem Tisch etwas suchen, dazu hektisch alle Dinge hochheben und versetzen. Ein Glas Wasser eingießen, gierig trinken, Glas heftig auf den Tisch stellen. Den Raum wieder eilig verlassen. Die Spielgruppe bildet sitzend eine blinde Zuhörergruppe. Die Spielgruppe versucht, anhand der Geräusche von Bewegungen und Aktionen mit Gegenständen die Geschichte hörend zu verfolgen. Danach stellt die Spielgruppe ihre Geschichte vor und es kommt zum Vergleich.

Hör mal blind zu!

Abb. 51: Hör mal blind zu!

Für die Spielform „Klangwolke" bildet die Gruppe einen engen, stehenden Kreis. Jeder legt jedem Nebenspieler seine Arme auf die Schultern. Nun bücken sich alle zur Kreismitte. Die Gesichter zeigen nach unten und die Augen werden geschlossen. Der Spielleiter beginnt ein „M" zu summen. Die Spielgruppe steigt nacheinander mit ein. Es entsteht zwischen den Spielern eine „Klangwolke", die gleich bleibend – endlos – im Raum schweben soll. Um das zu erreichen, muss jeder Spieler seinen Ton auch zeitlich versetzt summen (wenn der Ton abzuebben droht!).

Klangwolke

Andere Töne (z. B. A, O, Sch) und unterschiedliche Tonhöhen.

Variation

Hinweis   Dieses Klangspiel eignet sich sehr gut als Ausklang einer Spielstunde.

Abb. 52: Klangwolke

Der Baum im Wind   Um mit der Spielform „Der Baum im Wind" beginnen zu können, befragt der Spielleiter die Gruppe über die Bewegungen von Bäumen im Wind, über Windstärken und über Baumarten. Bäume bewegen sich immer wieder in ihre Ursprungsstellung zurück (es sei denn, sie brechen oder entwurzeln). Dann bildet die Spielgruppe Paare. Spieler A wird zu einem Baum und Spieler B bläst bzw. pustet ihn an. Spieler A reagiert wie ein Baum im Wind, je nachdem mit welcher Stärke, aus welchem Winkel und welches Körperteil angeblasen wird. Spieler B kann seinem Partner immer wieder neue Windimpulse geben, die Stärke variieren oder in der Stärke konstant steigern bis der „Baum" umfällt.

Hinweis   Spieler B kann z. B. auch nur einen einzigen Windimpuls geben: z. B. bläst er A an die Hand. Dieser Impuls reicht in den Arm, in die Schulter, in den Arm des anderen Armes und in dessen Hände und ebbt schließlich dort ab. Der Bläser sollte dem „Baum" genügend Zeit lassen um die Ursprungsbaumhaltung einzunehmen.

Variation   Die Spielgruppe arbeitet mit der Vorstellung „Wasserpflanzen" im Bach.

Gestalten, Formen oder Dinge pusten   Für das Spiel „Gestalten, Formen oder Dinge pusten" haben sich die Spieler paarweise im Raum verteilt. Spieler A steht in lockerer und entspannter Körperhaltung vor Spieler B. Spieler B pustet seinen nur reagierenden Partner A mit abwechselnder Stärke und an verschiedenen Körperteilen an. Spieler A beantwortet dieses Anpusten immer mit entsprechenden Bewegungen. Jeder Puster löst eine körperliche Reaktion aus, die in einer bestimmten Haltung endet. Jetzt kann Spieler A erneut angeblasen werden und muss erneut seine Haltung entsprechend verändern.

Man kann nicht nur von den Seiten, sondern auch von oben und unten **Hinweis** angeblasen werden. Arme und Hände können meist weicher und flexibler reagieren als Kopf, Hals, Schultern und Beine.

Abb. 53: Der Baum im Wind

Abb. 54: Gestalten, Formen oder Dinge pusten

Geräuschhörspiel Die folgende Spielform ist ein „Geräuschhörspiel". Eine, zwei oder alle Kleingruppe/n (ca. 4–6 Spieler) erhält/erhalten die Spielaufgabe, eine kurze Hörspielszene (ca. 3–5 Minuten) zu entwickeln. Diese Hörspielszene soll einen klaren Anfang, einen Mittelteil mit Höhepunkt/en und ein deutliches Ende aufweisen. Ist die Hörszene entwickelt, wird sie geprobt und dann vorgespielt. Beim Vorspiel hat das Publikum (die Zuhörer), die Augen geschlossen. Zu beachten sind sich anschließende Fragen/Interpretationen aus den Zuhörerreihen.

Bevor der Spielleiter die Spielaufgabe nennt, müssen einige Geräusche exploriert worden sein. Der Spielleiter kann diese Geräusche vormachen und/oder sich vormachen lassen und/oder wenigstens solche Alltagsdinge benennen, die markante Geräusche erzeugen. Solche Alltagsdinge sind z. B.: Schublade, Türklingel, Telefon, Wasser, Zahnarztbohrer, Rasensprenger, Schritte, Jalousien, Tür. Mit dem eigenen Körper erzeugte Geräusche, entstehen durch: Klatschen, Reiben, Klopfen, Trommeln, Schlagen, Gurgeln, Niesen, Pusten, Pfeifen, Schmatzen, Husten. Der Spielleiter kann einige Spielszenenmotive beispielhaft nennen: „Der Zahnarztbesuch", „Das Picknick", „Führerscheinprüfung".

Abb. 55: Geräuschhörspiel

Dann erhalten die Spieler eine Spielaufgabe, die etwa lauten könnte: „Entwickelt ein Hörspiel nur mit Geräuschen. Ihr habt 15 Minuten Zeit. Danach spielen alle Gruppen vor. Eure Szene soll wiederholbar sein. Denkt an einen Regisseur, der sich die Szene einmal anhört."

Für den organisatorischen Ablauf ist zu bedenken, dass die Spielgrup-   **Hinweis**
pen unterschiedliche Räume benötigen.

Der Spielleiter sagt, dass alle Spieler „Die verstaubten Braunbären"   **Die verstaubten**
sind und lässt sich von den Spielern zunächst eine Braunbärenge-   **Braunbären**
räuschkulisse vorführen. Danach wird den Braunbären erklärt, dass ihr
Fell ziemlich verschmutzt und verstaubt ist. Die Braunbären beginnen,
sich mit ihren Tatzen das Fell zu kratzen, brummen dabei, bis nur noch
solche Stellen im Fell jucken, die man nicht mit den Tatzen erreichen
kann. Jeder Braunbär sucht nach einem geeigneten anderen Bären, bis
alle Braunbären paarweise Rücken an Rücken stehen. Nun beginnt ein
leises bis sehr lautes, aber wohliges Gebrumme der Bären, die sich
gegenseitig ihre juckenden Hautstellen schubbern. Erst wird mehr
der ganze Rücken am Partnerbären, der das Gleiche tut, geschubbert.
Danach werden gezielt bestimmte Rückenpartien ausgewählt.

Abb. 56: Die verstaubten Braunbären

Dieses Spiel dient hervorragend der Auflockerung, wenn mit Sprache   **Hinweis**
gespielt werden soll.

Für die Spielform „Das Knieohr" kommen jeweils zwei Spieler zusam-   **Das Knieohr**
men. Einer fängt an, zeigt auf ein Körperteil (z. B. auf das linke Knie),
sagt aber dazu den Namen eines anderen Körperteils, z. B.: „Das ist
mein Ohr". Der andere Spieler zeigt daraufhin auf den sprachlich
bezeichneten Körperteil, also das Ohr, und sagt dazu den Namen eines

anderen Körperteils, z. B.: „Das ist mein rechter Zeh". Und so fort. Der Spielleiter muss vorab mit einem Freiwilligen demonstrieren.

Variation

Da das Spiel dann schnell verstanden wird, sollte eine vergnügliche Variation unbedingt benutzt werden. Dazu wird nicht in üblicher Weise gesprochen, sondern mit einem Finger oder mit zwei Fingern zwischen den Zähnen.

Hinweis

Die Wahrnehmung und Differenzierung des eigenen Körpers und der Körperlichkeit des anderen bedarf bei manchen Gruppen einige Zeit.

Abb. 57: Das Knieohr

Johnstone's Raumübung

Ein ungewöhnliches Spiel ist die „Johnstone's Raumübung". Die Spieler gehen durch den Raum. Sie betrachten die Gegenstände – z.B. Stühle, Tische, Taschen, Lampen, Wände, Schalter usw. Sie sollen nun immer wieder auf Gegenstände im Raum schauen. Alle Gegenstände, die man anschaut, werden laut mit einem falschen Namen angerufen. Keith Johnstone (1993), ein englischer Schauspiellehrer, gibt in seinem Buch „Improvisation" dazu an, dass man nach dieser Übung die Spieler nach ihren Eindrücken befragen soll, denn die Wahrnehmung hat sich verändert:

- Hat sich der Raum verändert? Häufig hat sich die Größe und Form des Raumes verändert!
- Hat sich etwas an den Farben geändert? Häufige Antworten sind, dass mehr Farbe im Raum und kräftigere Farbtöne wahrgenommen werden.
- Haben sich die Konturen der Mitspieler verändert? Die Umrisse erscheinen stärker konturiert!
- Wie empfindet man die Körpergröße der Mitspieler? Am häufigsten erscheinen die Mitspieler kleiner.

Abb. 58: Johnstone's Raumübung

Für das Spiel „Alarm" gehen die Spieler zu zweit zusammen. Spieler A hat an seinem Körper (vielleicht unter dem linken Fuß!) einen Alarmknopf. Spieler A hat sich diese Stelle ausgedacht und Spieler B muss diese Stelle nun finden. Dabei tastet oder berührt Spieler B den Spieler A ganz vorsichtig. Beide Spieler bleiben stumm – bis Spieler B den Alarmknopf gefunden hat und Spieler A laut aufheult.

Alarm

Der Spielleiter sollte vor Beginn des Spieles unbedingt einige Alarm- **Hinweis** sirenen nachahmen. Dieses Spiel dient hervorragend der Auflockerung und Körperwahrnehmung.

Abb. 59: Alarm

Abb. 60: Diebstahl auf dem Fischmarkt

Diebstahl auf dem Fischmarkt

Mit einem „Diebstahl auf dem Fischmarkt" fängt das Spiel an: Aus der Spielgruppe werden ein oder zwei Polizisten ausgewählt. Diese erhalten zur Erkennbarkeit einen Hut und setzen ihn auf. Alle anderen sind je nach Wunsch lautstarke z. B. Bananen-, Blumen-, Wurst-, Fisch-, Topfhändler auf dem Fischmarkt; eine verschworene Gemeinschaft. Ein Händler erhält vom Spielleiter einen kleinen Gegenstand (ungefähr Größe einer Streichholzschachtel oder Wäscheklammer), welcher das Diebesgut, z. B. einen Diamanten, symbolisiert. Dieser Diamant wird nun verdeckt immer wieder in der Händlergemeinschaft angeboten, weiterverkauft. Jeder Händler darf den Diamanten nur einmal kaufen, ansonsten hat er abzulehnen. Der oder die Polizist/en haben die Aufgabe, trotz Ablenkung der Händler den Diamanten zu finden. Es kann sehr hilfreich sein, wenn die Marktgemeinschaft erst einmal vor dem Spiel die Geräuschkulisse des Fischmarktes darbieten muss. Somit hat jeder Spieler der Marktgemeinschaft auch die Möglichkeit, seine gewählte Verkäuferrolle auszuprobieren.

Hinweis

Dieses einfache Rollentraining bietet eine gute physisch-akustische Auflockerung.

Der stumme Schauspieler

Die Spieler gehen für die Spielform „Der stumme Schauspieler" paarweise zusammen. Spieler A ist der Regisseur und Spieler B ist der stumme Schauspieler. Der Regisseur erfindet für seinen stummen Schauspieler eine Geschichte. Der stumme Schauspieler muss alles darstellen. Der stumme

Schauspieler ist in dieser Geschichte natürlich die Hauptperson, die besonders viele kleine und große Abenteuer und Alltäglichkeiten erlebt. Da es sich um einen erfahrenen Regisseur handelt, lässt er seinem Schauspieler immer ein wenig Zeit, auf seinen Satz zu reagieren. Denn: Während der Regisseur die Geschichte erfindet und erzählt, stellt sie der stumme Schauspieler bereits dar.

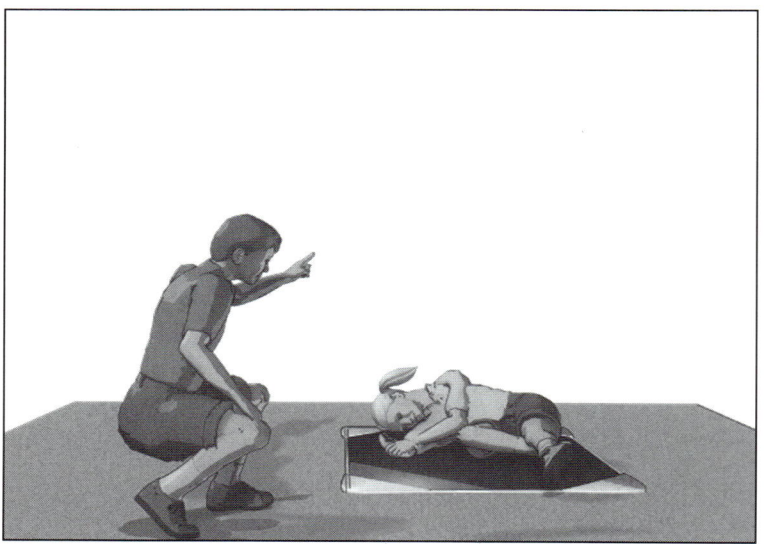

Abb. 61: Der stumme Schauspieler

So könnte beispielsweise der Regisseur zum stummen Schauspieler sprechen: „Du liegst in deinem Bett und schläfst." PAUSE. „Deine Decke rutscht immer wieder weg. Du ziehst dir die Decke über das Gesicht, denn der Wecker klingelt." PAUSE. „Jetzt öffnest du dein Zelt." PAUSE „Du befindest dich in der Wüste. Nachts hat es einen leichten Sandsturm gegeben, du musst den Sand, der jetzt in das Zelt rinnt, beiseite schieben." PAUSE. „Nachdem du den Schlafsack zusammengelegt und in deinen Rucksack gesteckt hast, machst du dich auf den Weg durch die Wüste." PAUSE. „In der Wüste trinkst du den letzten Rest Wasser aus deiner Trinkflasche." PAUSE. „Du bist aber immer noch durstig. Du beginnst, mit deinen Händen in den Sand ein tiefes Loch zu graben." PAUSE. „Du findest etwas langes, staubiges, schweres, zusammengerolltes – einen Teppich." PAUSE. „Auf dem Teppich befinden sich allerlei Bilder von Menschen, die recht merkwürdige Bewegungen ausführen. Du machst die Bewegungen nach." PAUSE. „Plötzlich kracht und staubt es fürchterlich, der Teppich spannt und bewegt sich – du siehst vor dir, einen halben Meter in der Luft schwebend, einen fliegenden Teppich." PAUSE usw.

Die drei Musketiere	Zunächst müssen für das Spiel „Die drei Musketiere" drei freiwillige Spieler gefunden werden. Diese Spieler verabreden ein gemeinsam ausführbares Bewegungsritual. Beispiel: „Heben des linken Oberschenkels in die Waagerechte. Gleichzeitig die rechte Handaußenseite an die Stirn führen und ein lautes „AHHHH" erklingen lassen." Dieses akustische Bewegungsritual müssen die drei Musketiere immer dann ausführen, wenn die Worte „Die drei Musketiere" in der Geschichte, die spontan von den Mitspielern erfunden wird, genannt werden. Ansonsten haben die drei Musketiere die Geschichte stumm bzw. pantomimisch direkt darzustellen, was von der Spielgruppe erfunden wird.

Abb. 62: Die drei Musketiere

Am besten ist es, wenn der Spielleiter der Spielgruppe die ersten Sätze einer (Bewegungs-)Geschichte vormacht und mit seinem Arm oder Blick anzeigt, dass nun ein anderer weitererzählen soll. Der nächste Erzähler ist dann immer wieder ein Mitglied der Zuschauergruppe. Gerät ein Erzähler ins Stocken oder fällt ihm nichts ein, springt der Spielleiter für ihn ein, bis er selbst oder ein anderer Erzähler weitermachen kann.

Elke, Roland und Sören	Bei dem Spiel „Elke, Roland und Sören" handelt es sich um ein Spiel mit drei festgelegten Rollen im Schneckentempo. Drei Freiwillige treten vor die Gruppe. Die Gruppe der Zuschauenden entscheidet den Handlungsverlauf für die drei Rollenspieler. Jeder der Rollenspieler hat einen Rollennamen und eine kurze Regieanweisung zur Rolle. Aus der Gruppe der Zuschauenden ruft jemand den Namen einer Rollenfigur.

Wichtig: Nur der Name der Rollenfigur wird gerufen. Die angespro-
chene Rollenfigur muss daraufhin eine Ausdrucksbewegung (Mimik,
Gestik, Stellung des Körpers) machen – nur eine Ausdrucksbewegung.

Abb. 63: Elke Sören und Roland

„Elke, Elke", „Sören", „Roland, Roland, Roland", „Elke, Elke, Elke,
Elke", „Sören". Wenn ein Name mehrmals hintereinander gerufen wird,
macht er oder sie entsprechend viele Einzelbewegungen aufeinander fol-
gend. Es ist notwendig, dass der Spielleiter dieses Prinzip kurz darstellt
und erläutert, was als Einzelbewegung gelten soll. Ferner kann der Spielleiter mit den Spielern einen fiktiven Ort vereinbaren (z. B. beim Picknick, im Auto). In jedem Fall signalisieren die Rollenspieler durch ihre
Einzelbewegungsfolgen einen bestimmten Ausdruck, eine bestimmte
Form bzw. einen bestimmten Inhalt. Die Rollenfiguren sind:
* Elke – das ehrbare, schüchterne und hübsche Mädchen
* Sören – der starke/edle, einsame, kraftstrotzende Held/Kavalier
* Roland – der eifersüchtige und fiese, um Elkes Gunst und Liebe
  buhlende Schurke.

Die Idee des Spiels „Hühnerstall und Taucher" lautet, eine Spielszene
zu zweit zu improvisieren. Angaben zu Ort, Zeit, Rollenfiguren und
Tätigkeiten bekommt das Spielerpaar erst auf dem Spielfeld/der Bühne.
Sie besprechen sich kurz und legen dann los.

**Hühnerstall und
Taucher**

Hinweis

Die Vorbereitung ist ein wesentliches Moment dieses Spiels. Die Spieler wirken durch ihre Einfälle zu Ort, Zeit, Rolle und Tätigkeit mit. Jeder aus der Spielgruppe erhält ungefähr fünf rote, fünf gelbe, fünf grüne und fünf blaue Karteikarten. Auf die Kärtchen wird jeweils eine Idee notiert. Auf den grünen Karteikarten werden die Orte, auf den gelben Karteikarten die Zeiten, auf den blauen Karteikarten die Rollenfiguren und auf den roten Karteikarten die Tätigkeiten notiert.

- Orte sind beispielsweise der Nordpol, ein Kinderzimmer, im Nest einer Elster, im Krankenhaus, auf der Zugspitze, in einem Unterseeboot, in einem UFO.
- Zeiten sind beispielsweise Weihnachten, Mittag, um drei Uhr nachts, Zeitlupe, Eiszeit, Steinzeit, Wochenende, Sonnenuntergang, zu Zeiten des Sonnenkönigs.
- Rollenfiguren sind beispielsweise Taucher, Wahrsager, Kartenspieler, Arzt, Bettler, Außerirdischer, Professor, Dompteur, Pannenhelfer, Kellner.
- Tätigkeiten sind beispielsweise Stricken, Braten, Bergsteigen, Tauchen, Orden verleihen, Hilfe holen, zu Bett gehen, Schlafwandeln, Marschieren, Trampen, Wandern, Trinken, Essen.

Abb. 64: Hühnerstall und Taucher

Jede Kartenfarbe wird gesondert bereitgehalten. Jedes Paar (und alle weiteren ebenso), das an der Reihe ist oder sich freiwillig meldet, zieht eine Zeitangabe, eine Ortsangabe, eine Tätigkeit und zwei Rollenfiguren. Die Spieler können sich kurz über eine mögliche Handlungsfolge besprechen.

Die Spielform „Zwei sind ein Mensch" hat drei Variationen:

Zwei sind ein Mensch

Ziel dieser Variation „Deine Stimme und meine Arme!" ist es, dass Spieler A spricht und Spieler B die entsprechenden Gesten mit den Händen und Armen macht: Zwei sind sozusagen ein Mensch. Die Spieler befinden sich paarweise im Raum. Zunächst demonstriert der Spielleiter das Spiel an einem Spielerpaar. Dazu befindet sich Spieler B direkt (Körperkontakt) hinter dem Spieler A. Spieler A hat seine Arme entweder flach an seine Körperseiten angelegt oder hinter seinem Rücken verschränkt. Spieler B schiebt nun unter die Armbeugen von Spieler A seine Hände und Arme (soweit dies geht) hindurch. Spieler B leiht dem Spieler A sozusagen Hände und Arme. Themen für einen Monolog von Spieler A sind z. B.:

- Autoverkäufer preist ein altes Auto an. Ein Lehrer vor der Klasse erklärt das Aquarium. Ein Märchenerzähler im Park erzählt von Ali Baba. Eine Ehefrau hält ihrem Mann einen Vortrag über das gekonnte Wickeln eines Babys.
- Die Spielenden können auch einen vom Spielleiter ausgewählten Gegenstand erläutern. Bei dem Gegenstand kann es sich z. B. um eine Vase, einen Handschuh, einen Regenschirm handeln.

Abb. 66: Zwei sind ein Mensch

Der Eindruck, ein Mensch zu sein, wird durch eine sehr weite Jacke **Hinweis** oder einen weiten Kittel oder Mantel verstärkt. Das verbale und nonverbale Zusammenspiel in der konkreten Interaktion braucht oft Zeit.

Variation 2

Spieler A verhält sich mit seiner Stimme (und Mimik) zur Gestik von Spieler B. Dazu ist es sinnvoll, dass beide Spieler ein einfaches Handlungsgrundgerüst als Spielmotiv erhalten. Spieler A muss hier nicht nur auf Gestik von Spieler B reagieren, sondern muss hin und wieder verbal ergänzen, wenn die Gestik von Spieler B ins Stocken gerät oder ein bestimmter Sachverhalt nicht mit der Gestik ausgedrückt werden kann. Einfache Beispiele sind: Ein Postpaket zusammenfalten. „Wie öffnet man einen Brief?".

Variation 3

„Wie aus einem Mund!" wird in Dreiergruppen gespielt. Spieler A und Spieler B sind ein Mensch und stehen hintereinander, Spieler B leiht seine Arme Spieler A (siehe oben). Die Einzelperson Spieler C kann z. B. eine Verkäuferin in einem Schuhladen oder Antiquitätenladen oder Gemüseladen sein. Die Spieler A und B haben dementsprechend als ein Mensch die Rolle eines Käufers. Sie tragen nun chorisch sprechend, wie aus einem Munde, ihr Anliegen und ihre Wünsche vor – treten also in Dialog und Handlung mit Spieler C. Den Spielern wird nur Ort und Anliegen vorgegeben. Spieler A und Spieler B erhalten nur eine Hilfe: „Sprecht bitte sehr langsam, so dass ihr euch aufeinander einstellen könnt!"

Diese Spielform wird direkt von drei Freiwilligen vor der Spielgruppe improvisiert. Die nächsten Freiwilligen erhalten eine neue Situation und ein anderes Anliegen (wie z. B. eine Beschwerde).

Ich bin Gerd!

Das Spiel „Ich bin Gerd!" ist ein typisches Darstellungsspiel mit Namen für eine sich vertraute Gruppe im Stehkreis, bei dem es auf das genaue Zuhören, Zusehen, Übertreiben und Spiegeln ankommt. Es ist ratsam, dass der Spielleiter nach seiner Spielerläuterung mit seinem (Spielleiter)-Namen einmal vormacht. Das Spiel hat drei Variationen:

Variation 1

„Ich bin Gerd" sagt Thekla und Franz sagt das auch! Ein Spieler, z. B. Gerd, aus dem Stehkreis beginnt und sagt seinen Namen. Nun erhält Gerd die Möglichkeit einmal zu erleben, wie seine Mitspieler sein Verhalten dabei erlebt haben. Im Uhrzeigersinn stellt sich nun jeder Mitspieler einzeln mit „Ich bin Gerd" und mit Gerds Körperhaltung vor. Dabei gibt jeder Mitspieler seine Interpretation des Namens zum Besten. Verbale (z. B. dunkle Stimme). Körpersprachliche (z. B. Kopfnicken) Auffälligkeiten werden ausgeschmückt. Danach geht es mit einem neuen Vornamen weiter.

Variation 2

„Ich bin Gerd" sagt Gerd. „Das ist Gerd!" antworten seine neuen Freunde! Darüber hinaus bietet es sich an, den Vornamen um den Nachnamen zu erweitern. Ein Spieler, z. B. Gerd Mustermüller, beginnt. Er sagt einmal seinen Namen in die Runde. Die Mitspieler wiederholen im Chor den Namen und Gerds Körperhaltung. Die Gruppe spricht also im Chor auf ein Zeichen des Spielleiters hin: „Ich bin Gerd Mustermüller" oder „Das ist Gerd Mustermüller." Dabei gibt die Gruppe ihre Interpretation des Namens zum Besten – verbal und körpersprachlich.

Abb. 67: Ich bin Gerd

Reagiert die Gruppe als Einheit? Gibt sie ein einheitliches Bild wieder? **Hinweise**
Wie denkt Gerd über die Interpretation?

Der Spielleiter muss darauf hinweisen, dass die Namensspiegelung einschließlich Interpretation mit keiner Beleidigung oder Kränkung verbunden sein darf.

„Gestische Übertreibung reihum". Der Stehkreis wird auf 8 Spieler **Variation 3**
beschränkt. Sobald ein Spieler seinen Namen in die Runde gesagt hat, beginnt sein linker Nachbar mit der Wiederholung. Dann der nächste und so fort. Der Sinn dieses Namensspiegels liegt darin, dass die Mitspieler dem Namensgeber eine sukzessive Steigerung der Übertreibung bieten. Jeder Spieler (außer dem Namensgeber) vergrößert den körpersprachlichen Ausdruck seines Vorgängers. Aber: Diese Übertreibung geschieht nur körpersprachlich. D. h., wenn Gerd seinen Namen ausgesprochen hat, nennt sein linker Nachbar den Namen Gerd und gibt dann seine Interpretation von Gerds Körperausdruck – allerdings nur

ein wenig verändert, damit die weiteren Mitspieler eine Steigerung der Übertreibung auch durchführen können.

Vorstellungsbild: Der Spieler Gerd steht vor sieben verschiedenen Spiegeln. Jeder Spiegel zeigt eine Vergrößerung.

Geschichten aus dem Karton

Die Gruppe verteilt sich für die „Geschichten aus dem Karton" in mehrere Kleingruppen im Raum. In der Mitte des Raumes oder auf einem Tisch am Rande des Raumes befindet sich ein großer Karton mit den unterschiedlichsten Gegenständen. Der Karton ist nicht einsehbar. Jeweils ein Mitglied pro Gruppe zieht blind drei Gegenstände aus dem Karton und geht zurück in seine Gruppe.

Abb. 68: Geschichten aus dem Karton

Variation

Innerhalb von ca. zehn Minuten sollen die Gruppen eine kurze Spielszene bzw. ein Stegreifspiel entwickeln. Diese Szene soll danach vorgeführt werden. Der Spielleiter kann den Umgang mit den Gegenständen an drei Ausführungsbedingungen knüpfen:

- Die Gegenstände dienen nur als Assoziationsmaterial und werden schnell wieder weggelegt. Wird z. B. eine Schachfigur gezogen, kann sich eine Spielszene entwickeln, bei der die Schachfiguren von den Spielern dargestellt werden, bei der zwei Schachspieler die Schachfiguren bewegen und so fort.
- Die Gegenstände dienen dem Assoziieren und Ausprobieren, um eine stumme Szene zu entwickeln.
- Die Gegenstände sind als reale Requisiten oder reale Spielobjekte zu benutzen.

Für den Spielleiter kann es sich anbieten, erst dann die Spielaufgabe zu nennen, wenn die Spieler die Gegenstände gezogen haben und sich wieder in ihrer Gruppe befinden.

Beispiele für Objekte: Duschköpfe, Joystick, Regenschirme, Hüte, Becher, Teile eines Gartenschlauches, Telefonhörer, Mützen, Handschuhe, Steine, Bücher, Zeitungen, Dosen, Spielfiguren (z. B. Schachfiguren), Zollstöcke, Schuhe und vieles mehr.

Die Gruppe erfindet eine abenteuerliche Kurzgeschichte zu diesen Gegenständen, die später erzählt wird.

Abb. 69: Buchstabensätze

Für das Spiel „Buchstabensätze" teilt sich die Spielgruppe zu Paaren auf. Jedes Paar bekommt einen Ball. Ein Partner beginnt und nennt seinem Mitspieler ein beliebiges Wort und wirft ihm dabei den Ball zu. Das Wort sollte nicht mehr als sechs Buchstaben umfassen. Wer den Ball zugespielt bekommt, soll innerhalb einer festgesetzten Zeit (z. B. 30 sec) einen Satz bilden. Der Satz soll aus Wörtern bestehen, die in der Reihenfolge mit den Buchstaben des genannten Wortes beginnen. Unsinn ist erlaubt! Beispiel: Kerze = Komme einmal rüber zu Elke!   **Buchstabensätze**

Für die Spielform „Wörter assoziieren und nennen!" sitzt die Spielgruppe in Fünfergruppen. Ein Spieler beginnt und nennt ein Substantiv. Der nächste Spieler wiederholt das Wort und muss dazu ein weiteres   **Wörter assoziieren und nennen!**

Wort assoziiieren. Der dritte Spieler nennt die beiden Wörter und fügt seines hinzu. Es muss dauernd die ganze Wortreihe wiederholt werden. Der am anderen Ende des Halbkreises sitzende Spieler hört zunächst nur zu, merkt sich die Wörter und erfindet, wenn er an der Reihe ist, aus der Wortreihe eine Geschichte. Je nach Absicht kann diese Geschichte Ausgangspunkt für eine Spielszene werden. Jeder sollte einmal drankommen. Der Spielleiter fragt nach Beispielen.

Abb. 70: Wörter assoziieren und nennen

Wörter, Sätze, Geschichte!

Bei der Spielform „Wörter, Sätze, Geschichte!" sitzen oder stehen im Kreis oder gehen ruhig durch den Raum. Die Aufgabe ist, dass jeder Spieler ein passendes Wort sagen muss, so dass ein ganz langer Satz entstehen kann. Im Stuhlkreis geht es der Reihe nach und ziemlich zügig, im Gehen durch den Raum kann es dabei zu Überschneidungen kommen, wenn die Gruppe ungeübt ist. Der erste Spieler beginnt in jedem Fall mit einem Wort, das einen Satz einleiten kann. Danach nennt der zweite Spieler meist ein Substantiv usw. Ist ein Satz durch einen Punkt beendet (Punkt oder Fragezeichen wird ausgesprochen), wird der nächste Satz begonnen. Nach und nach entsteht eine Geschichte.

Aquariumsgeschichte

Für die Spielform „Aquariumsgeschichte" sitzen die Spieler im Stuhlkreis eng beieinander und nach vorn gebeugt. In der Mitte des Stuhlkreises befindet sich ein Objekt (z. B. eine Vase oder ein Schlüsselbund). Ein Spieler beginnt, eine Geschichte zu diesem Objekt zu erzählen, nach drei/vier Sätzen wird er abgelöst – entweder der Stuhlreihe nach oder aus der Situation heraus. Die folgenden Sätze müssen nicht am Objekt hängen bleiben.

Um diesen engen Stuhlkreis herum kann ein zweiter Stuhlkreis auf-gebaut werden. Hier sitzt das Publikum, das mit geschlossenen oder geöffneten Augen wie vor einem Aquarium sitzt, sieht und zuhört. Der Spielleiter erfragt Empfindungen und Auffälligkeiten.

Abb. 71: Wörter, Sätze, Geschichte

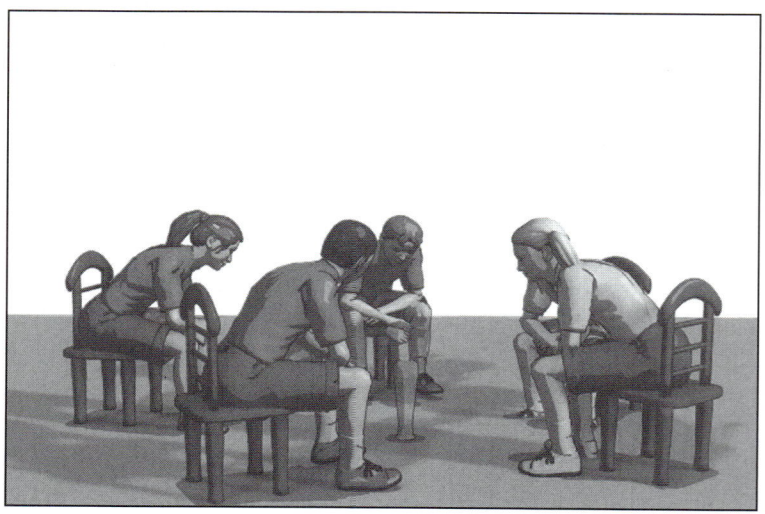

Abb. 72: Aquariumsgeschichte

Eine Beobachtung schildern und spielen

„Eine Beobachtung schildern und spielen": Spieler A erzählt seinem Partner Spieler B eine diesem noch unbekannte Beobachtung (real oder erfunden). Diese Beobachtung kann einen Tag oder mehrere Tage zurückliegen. Der Ort dieser Beobachtung kann z. B. der Bus, der Bahnhof, der Einkauf, der Spaziergang oder die freie Natur (z. B. während einer Fahrradtour) gewesen sein. Es gibt zwei Intentionen:

Der Partner und nicht die Gruppe wird hier in erster Linie angesprochen. Beide Spieler haben eine klare Aufmerksamkeitsrichtung. Spieler A wird hier zum Erzählenden und Spieler B zum Hörenden. Die Erzählweise von Spieler A (spannend, langweilig, körpersprachlich betont) soll besprochen werden (später von Spieler B). Der Fortgang besteht darin, dass der Erzählende eine Geschichte erzählt, die später nur von Spieler B oder von beiden gespielt werden soll. Einige Szenen können der ganzen Gruppe vorgespielt werden.

Abb. 73: Eine Beobachtung schildern und spielen

Schönes Wetter

Für das einfache Rollenspiel „Schönes Wetter" wird den Spielern die Aufgabe gestellt, nichts anderes zu tun als sich ca. fünf Minuten über Banalitäten des Alltags zu unterhalten: „Plaudert angenehm, habt Freude am Erzählen, nehmt euch Zeit, hört eurem Gegenüber zu und macht einen netten Eindruck." Dazu kann ich zwei Beispiele für Ausgangssituationen nennen, aus denen sich ein Gespräch entwickeln soll:

a) Spieler A sitzt auf einer Parkbank und Spieler B kommt hinzu. Spieler B ist ein Jogger. Spieler A möchte auch gern joggen, er hat jedoch keinerlei Erfahrung mit diesem Sport. Spieler B stellt (leicht keuchend) die Frage „Ist hier noch frei?" und setzt sich, denn Spieler A bejaht die Frage. Spieler A soll nun ein Gespräch anfangen mit der Frage: „Entschuldigen Sie, können Sie mir sagen, wie Sie zum Joggen gekommen sind? Ich möchte nämlich auch anfangen."

b) Spieler A sitzt an einem Tisch im Rathauscafé und Spieler B kommt etwas später hinzu. Spieler B stellt zunächst die Frage: „Darf ich mich mit an Ihren Tisch setzen?" und setzt sich, denn Spieler A gestattet es. Spieler B beginnt nun ein Gespräch mit der Frage: „Entschuldigen Sie vielmals, können Sie mir ein Stück Kuchen empfehlen, das kalorienarm ist und auch schmeckt?"

Abb. 74: Schönes Wetter

„Charaden" sind graphisch oder pantomimisch dargestellte Begriffe. Die allgemein vertraute Art Charaden zu spielen lautet: Ein Darsteller bekommt einen Begriff genannt, überlegt kurz und stellt diesen Begriff stumm dar. Zuschauer versuchen, diesen Begriff zu erraten. Wer den gesuchten Begriff zuerst errät, erhält den nächsten Begriff und stellt ihn dar. Folgende Methode hat sich bewährt: Die Großgruppe ist aufgeteilt in Kleingruppen (6–8 Spieler). Der Spielleiter hat eine Anzahl von einfachen Substantiven und/oder zusammengesetzten Hauptwörtern auf Arbeitsblättern vorbereitet. Jede Gruppe entscheidet sich für einen Gruppenleiter. Diese erhalten ein Arbeitsblatt. Der Gruppenleiter wählt in seiner Gruppe den Spieler, der mit der pantomimischen Darstellung des Begriffes beginnt, flüstert ihm den ersten Begriff ins Ohr. Der Spieler stellt den Begriff stumm dar. Derjenige, der den Begriff zuerst errät,

Charaden

erhält vom Gruppenleiter den zweiten Begriff zugeflüstert – und so fort. Es sollten mindestens 15 Begriffe benutzt werden. Es ist sehr motivierend, den Spielern Gelegenheit zu geben, eigene Begriffe zu finden. Die Gruppenleiter können ausgetauscht werden.

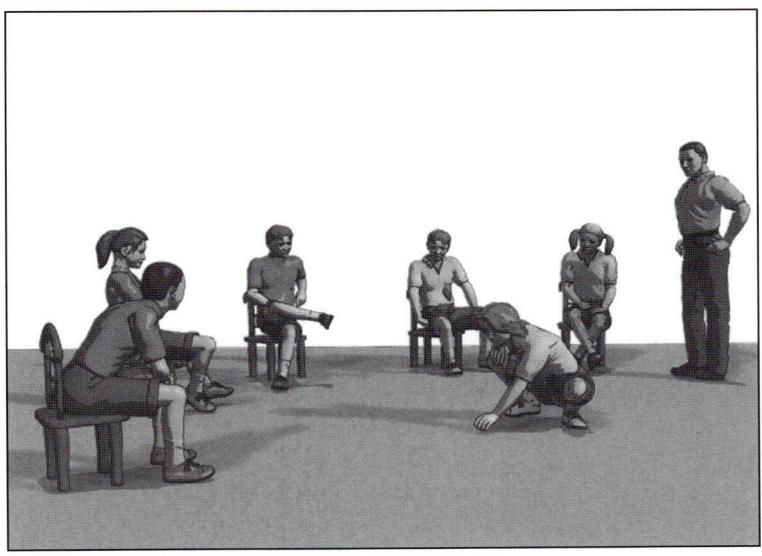

Abb. 75: Charaden

Variationen

Beispiele für Substantive: Babysitter, Angler, Astronaut, Auto, Billard, Blume, Bonbon, Boot, Boxer, Brief, Dompteur, Elefant, Friseur, Operation, Garage, Kukident, Sonne, Rose, Radio.

Beispiele für zusammengesetzte Substantive: Klapperschlange, Brillenschlange, Federhalter, Feuerwehrmann, Flohzirkus, Hausschuhe, Stierkampf, Marterpfahl, Schneemann, Tintenstrahldrucker, Duschvorhang, Scheibenwischer, Autowaschanlage, Nervensäge, Ruhestörung, Bodybuilder.

Körpersprachliches Warming-up

Für ein „Körpersprachliches Warming-up" gibt der Spielleiter vor: „Dein Partner steht oder sitzt dir gegenüber. Du formulierst – kurze oder lange – Aufgaben zu den unten aufgeführten Unterpunkten der einzelnen Bereiche. Jeder Bereich und jeder Unterpunkt sollte bearbeitet werden. Du kannst natürlich spontan neue Unterpunkte finden. Also: A nennt eine Aufgabe entsprechend dem Unterpunkt, und B stellt dar. Ihr solltet auf die Wirkung achten. Spielt einmal alles durch, wechselt und variiert die Reihenfolge."

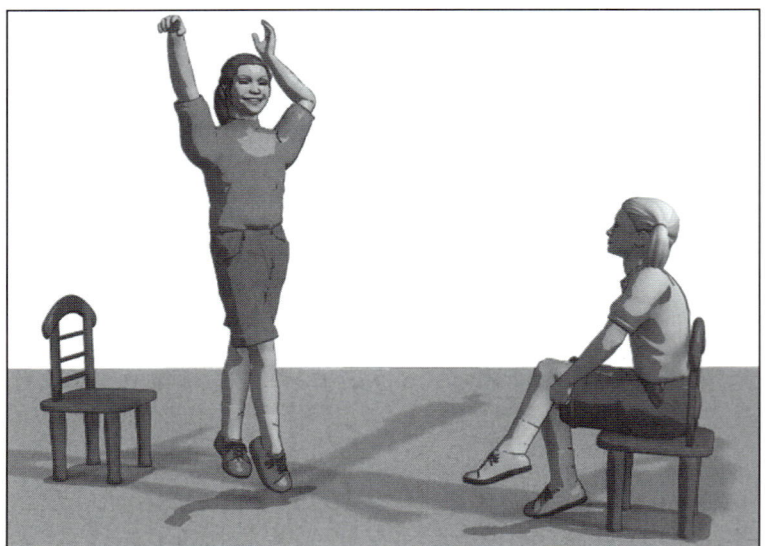

Abb. 76: Körpersprachliches Warming-up

a) Bereich Mimik: „Deine Mimik ist unbewegt, lebhaft", und so fort.   **Variationen**
b) Bereich Mimik: „Du siehst einen Fisch im Aquarium – Deine Mimik ist unbewegt." „Der Fisch blinzelt dir zu – du staunst, deine Mimik wird lebhaft, du blinzelst zurück." „Der Fisch möchte dich heiraten – du fühlst dich bedrängt.", usw.

*   Mimik: Unbewegt; lebhaft; erstaunt; konzentriert; bedrängt; Gefühle (z. B. Angst, Freude, Liebe, Ärger, Besorgnis)
*   Augen: Geschlossen vs. offen; aufgerissen vs. verengt; verschleiert; mit der Hand abgedeckt; zugekniffen; blinzelnd; geschlossen (als Zeichen für Ablehnung, Müdigkeit, Rückzug, Konzentration)
*   Kopfhaltung: Nicht festgelegt; zurückgelehnt; seitlich; gesenkt; langer Hals; kurzer Hals.
*   Gestik: Gedankenlos (z. B. Kratzen); mimisch/darstellerisch (z. B. man wurde im Ausland von einem Hund gebissen); symbolisch (ok, sehr gut, Vogel zeigen usw.).
*   Handgesten (mit einer Hand oder beiden Händen ausprobieren): Handfläche nach unten, oben, vorn, innen; Hände auf den Rücken; Hände in den Hüften; Hände in den Taschen; Hände miteinander verbunden (z. B. Daumendrehen).
*   Körperhaltungen im Stand: hängende Schultern; zusammengezogen; unbeweglich/steif; vorgebeugt; cool/lässig; geöffnet/gelöst/frei; introvertiert/verschlossen/distanziert.
*   Körperhaltungen im Sitz: Geöffnet; normal; ausgedehnt/lümmeln; eckig/angewinkelt; übereinander geschlagene Beine; eng.

- Standarten: Aufrecht/fest; dicht; Füße parallel/eng; weit/breit; cool/locker; überkreuzen.
- Gangarten: Tippeln/trippeln; tänzelnd; abgekämpft/schwer; schleichend; langsam; schlürfend; schwach/kraftlos; überzeugt; bedeutend, marschierend/geordnet.
- Vortragsgesten (evtl. mit Sprache); Ich eröffne ... die Rede; Ich erfasse ... den Gedankengang; Ich präzisiere ... ; Ich ergreife ... ; Ich weise darauf hin (zeige) ... ; Ich halte nichts von ... .

Pantomimisches Warming-up mit Kleinigkeiten

Für ein „Pantomimisches Warming-up mit Kleinigkeiten" sitzen bzw. stehen sich die Spieler zu zweit gegenüber und führen für sich die vom dritten Mitspieler angegebenen Tätigkeiten (langsam) pantomimisch aus. Wenigstens zwei Unterpunkte darstellen. Für die einzelnen Übungen erhalten die Spieler genügend Zeit. Selbständiges Durchwechseln! Die Reihenfolge der Hauptpunkte ist beliebig. Zumeist entstehen beim Durchlesen weitere Ideen. Der Partner formuliert die Aufgabe aus folgenden Beispielen:

- Ich trinke oder wir trinken: Aus einer feinen Kaffeetasse, /-einem Bierkrug, /-einem Sektglas; eine über alle Maßen gesüßte Flüssigkeit; mit einem Trinkhalm (kurzer, langer oder biegsamer Trinkhalm).
- Ich habe mich oder wir haben uns: Mit einem Messer geschnitten; an einer Kerze verbrannt; an einer Tischkante gestoßen.
- Ich bin oder wir sind: Frohgemut (über ein gutes Zeugnis); bedrückt (über ein schlechtes Zeugnis); ängstlich (vor einem großen Hund); eingebildet (auf unser neues Auto); müde (vom Lesen, Arbeiten); von Liebe erfüllt (wegen einem Liebesbrief).
- Ich öffne oder wir öffnen: Eine Autotür; eine Packung Kaugummis; eine Schiebetür; eine Stubentür; einen Panzerschrank; eine Kaffeedose; eine Tüte Gummibärchen.
- Ich esse oder wir essen: Eine Banane; einen Kaugummi; eine scharfe Pizza; ein knochenhartes Brötchen; Spaghetti; einige Kirschen direkt vom Baum; ein Viertel Wassermelone.
- Ich trage allein oder wir tragen zusammen: Einen schweren (leichten) Koffer; einen Tisch; einen Stuhl; ein Kopfkissen; eine Glaskugel; eine Fensterscheibe; eine Leiter.
- Ich werde oder wir werden umkreist: Von einer Stubenfliege oder Wespe (beim Essen eines Kuchenstückes); von einer riesigen Dogge (mitten auf einer Wiese mit meinem/unserem kleinen Hund); von einem Geier (in der Wüste).
- Wir sind von Beruf: Schlagersänger, Zahnarzt, Schauspieler, Polizist, Bäcker, Konzertpianist, Schneider, Oberkellner.

- Ich bewege/berühre/greife oder wir bewegen/berühren/greifen: Eine wertvolle Porzellanvase; einen Ohrenreiniger; ein Stück Zeitung; ein Blatt Schreibpapier; ein schmutziges Taschentuch; eine Zahnpastatube; eine Pellkartoffel; einen Kugelschreiber; in einen Eimer mit Tapetenkleister; einen Blumenstrauß.
- Ich gehe oder wir gehen: Auf einer Schlittschuhbahn; auf warmem Teer; mit nackten Füßen über heißen Sand; durch ein hohes Maisfeld; durch Pulverschnee; durch einen Sumpf; durch angenehm warmes und dann durch eisiges Wasser; wie ein General; wie eine junge Mutter mit Kinderwagen oder mit ihrem Kind an der Hand; wie ein Matrose; wie ein Verkehrschutzmann.
- Ich bin oder wir sind Zuschauer: Bei einem Fußballspiel; bei einem Tennisspiel; bei einem Faustkampf; bei einem Autorennen; beim Sackhüpfen.

Abb.77: Pantominisches Warming-up mit Kleinigkeiten

Das „pantomimische Lustwandeln" ist eine beliebige Spiel-Tätigkeitenreihe und kann mit den genannten Beispielen an den Anfang oder in die Mitte einer Spielstunde gesetzt werden. Spielideen der Teilnehmer sind willkommen und können nach gespielten Tätigkeiten spontan genannt werden.

Pantomimisches Lustwandeln

Anstatt zu gehen kann die Gruppe auch laufen. Der Spielleiter begleitet rhythmisch mit der Handtrommel.

Abb. 78: Pantominisches Lustwandeln

Das Ablaufschema:
1. Normales Gehen.
2. Nennen einer Aktion.
3. Aktion wird umgesetzt (30 bis 60 Sek.).
4. Normales Gehen.
5. Nennen einer Aktion!
6. Aktion wird umgesetzt. usw.

Beginn: „Geht ruhig und gelöst durch den Raum. Jeder achtet zunächst auf sich selbst und stößt niemanden an. Geht durcheinander durch den Raum. Bezieht in eure Raumwege die stets frei werdenden Flächen ein."

Beispiele für Tätigkeiten:
- „Stellt euch vor, ihr befindet euch in einem Schlossgarten. Schaut euch lustwandelnd die Gehwege, die Pflanzen, die Fassade des Schlosses an. Ihr fühlt euch im Schlossgarten pudelwohl. Euer Gang und euer Ausdruck wird unmerklich sehr vornehm. In dieser Stimmung bemerkt ihr auch andere Schlossbesucher."
- Der Raum wird zum Museum erklärt. Die Spieler schlendern gelangweilt durch eine Ausstellung. Jedes reale Objekt (z. B. Stuhl, Tisch, Blume, Tafel, Teppichboden) im Raum ist ein kostbares Kunstwerk. So etwas hat man noch nie gesehen.
- Der Spielleiter nennt verschiedene Fußansätze: „Nur auf den Fußballen gehen, nur auf der Fußaußenseite gehen, nur auf der Fußinnenseite gehen, nur im Hochzehenstand gehen."

- Jeder Spieler probiert verschiedene Gangarten aus: Z.B. freudig, gelöst, gehemmt, eilig, ängstlich.
- Die Spieler sollen sich durch eine imaginäre Menschenansammlung den Weg bahnen.
- Lustwandeln und bei jedem Blickkontakt die Nase rümpfen und sich in eine neue Richtung abwerden.
- Das Gefühl beim Gehen entstehen lassen, von einer imaginären Masse umjubelt zu werden, und danach die Vorstellung entwickeln, einen imaginären Menschen zu umjubeln.
- Beim Gehen die Vorstellung entwickeln, schon früh mit dem falschen Bein aufgestanden zu sein: Der Wecker hat viel lauter als normal geklingelt, der Kaffee kalt usw.
- Im Gehen eine wichtige Rede halten oder Selbstgespräche führen (z.B. über die Taschengeld- oder Gehaltserhöhung).
- Im Dunkeln oder Nebel nach Hause gehen müssen (z.B. durch eine Parkanlage, durch den Wald, durch eine Großstadt).
- Durch eine Großstadt schlendern und Gegenständen ausweichen, die aus Fenstern geworfen werden (z.B. Blumentöpfe).
- Als Straßensänger oder -musiker in der Großstadt Geld verdienen.
- Durch den Raum gehen, bei gegenseitigem Blickkontakt stehen bleiben und sich spontan für oder gegen eine gespielte Ohnmacht entscheiden. Der „gesunde" Spieler muss erste Hilfe leisten. Wann der ohnmächtige Spieler wieder zu sich kommt, macht dieser abhängig von den Maßnahmen, die sein gesunder Helfer probiert (z.B. gut zureden). Oder: Ohnmachtsanfälle von einigen und spontane erste Hilfe von Nebenstehenden.
- Alle Spieler befinden sich auf einem großen sinkenden Schiff. Alle retten sich in ein kleines Rettungsboot mit einem Leck. Alle müssen sich die Schuhe ausziehen und Wasser schöpfen usw..
- Die Gruppe befindet sich in einer unbekannten Gegend, einem unbekannten Land oder auf einem unbekannten Planeten. Alle bewegen und begrüßen sich auf eine vollkommen neue Weise. Oder: Das Gehen ist verboten/unmöglich. Drei Spieler tun sich zusammen und müssen neue Arten der Fortbewegung erfinden.
- Jedes Gruppenmitglied ist ein/e Kellner/in in einem Gasthaus. Es müssen imaginäre Gäste bedient werden, Weinflaschen geöffnet werden, Speisen und Getränke müssen geholt und zu den Gästen gebracht werden, es muss kassiert werden, Tische müssen von Geschirr und Schmutz befreit werden usw. Die Gäste können freundlich, grantig, aufdringlich, vornehm sein. Die Kellner können freundlich, unfreundlich, geschickt, ungeschickt sein.
- Aus dem Gehen heraus (zufälliger Blickkontakt) bilden sich Paare. Vom Zeitpunkt des Blickkontaktes bewegen sich die Paare in Zeit-

lupe fort. Wie z. B.: Zwei Boxer, die einen Boxkampf in Zeitlupe ausführen; zwei frisch Verliebte, die zueinander streben; ein altes Ehepaar, dass einen Tisch deckt. Usw.

- Es fängt an zu regnen. Es bilden sich Pfützen: Man kann über Pfützen springen, durch Pfützen waten, andere nass spritzen. Je mehr Tropfen man abbekommt, desto freier wird die Spielphantasie im Regen mit dem Regen, mit dem Mitspieler, mit den Pfützen: „Seht euch das an. Da spuckt doch einer in eine Pfütze und pustet die Spucke vor sich her."

- Gehen durch den Raum, wie z. B.: Charlie Chaplin; ein alter Mann; ein Mann/eine Frau mit Kinderwagen; ein Wanderer mit schwerem Rucksack; ein Kind, dass über heißen Sand geht; ein Liebespaar unter einem Regenschirm, usw.

Darstellen imaginärer Geräusche

Beim „Darstellen imaginärer Geräusche" erhalten jeweils drei bis fünf Spieler die Aufgabe, eine kleine Szene zu erfinden, in der ca. vier imaginäre Geräusche enthalten sind. Die Spieler sollten in jedem Fall zunächst stumm, die betreffenden Eindrücke herstellen. Später können, wenn gewünscht oder überhaupt möglich, die Geräusche von den Spielenden gemacht werden und damit sozusagen die Bewegungen unterstützt werden. Wenn gleich mit Geräusch gespielt wird, läuft die Szene Gefahr, das Geräusch in den Mittelpunkt zu stellen und nicht das eigentliche Spiel- bzw. Bewegungsmotiv.

Motivbeispiele: „Die Stubenfliege", „Das defekte Ventil am Fahrrad oder am Autoreifen", „Das Gespensterhaus", „Der Luftballonverkäufer", „Der Zeitungsleser", „Der Klavierschüler", „Der Zahnarztbesuch".

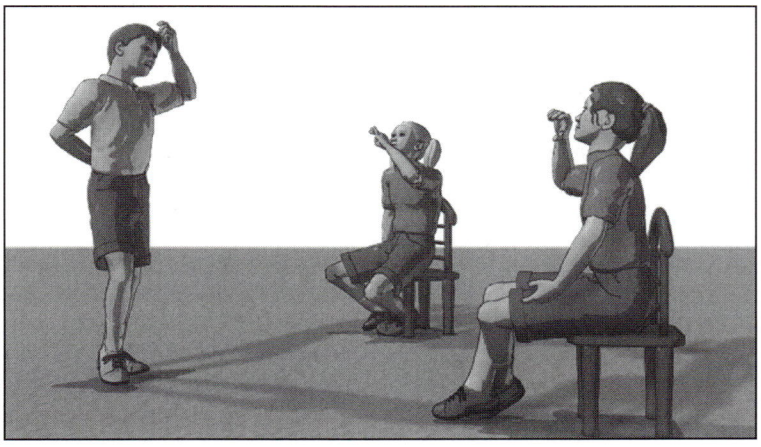

Abb. 79: Darstellen imaginärer Geräusche

Beim „Darstellen von Umgebungen" erhalten drei bis fünf Spieler die Aufgabe, eine kleine Spielszene zu erfinden, in der Menschen in typischer Weise ihre Verhaltensweisen der Umgebung anpassen. Motivbeispiele: „Im Museum", „Im stecken gebliebenen Fahrstuhl", „Auf dem Zeltplatz", „Am See beim Angeln", „Bei einem Staatsempfang", „Vor dem Radio", „Vor dem Fernsehapparat", „In der Sauna", „Die praktische Führerscheinprüfung", „Der Horrorfilm im Kino", „Beim Finanzamt".

Darstellen von Umgebungen

Abb. 80: Darstellen von Umgebungen

Das Spiel „Was machst du denn da?" wird zu zweit gespielt. Ein Spieler A beginnt. Er führt eine kurze und deutliche pantomimische Handlung vor, wie z. B. den Boden fegen. Sein Partner B fragt ihn dann: „Was machst du denn da?" Daraufhin gibt ihm der erste eine völlig folgewidrige Antwort, wie „Ich kämme mein langes Haar!". Das übernimmt Partner B als Handlungsmotiv und kämmt sich pantomimisch sein langes Haar. Nun fragt Spieler A, was er (Spieler B) da mache. Der antwortet wieder folgewidrig z. B. „Skateboard fahren". Das übernimmt nun wieder Spieler A – und so fort.

Was machst du denn da?

Der Spielleiter sollte diese Abfolge und die folgewidrige Antwort unbedingt mit einem Spieler kurz vormachen.

Hinweis

Abb. 81: Was machst du denn da?

Spiegelpantomime

Bei der „Spiegelpantomime" bietet sich zunächst die Übung Spiegelwahrnehmung an: Zwei Spieler sitzen (später stehen) sich einander so gegenüber, dass sie gut Arme und Beine bewegen können. Die Spieler nehmen den Partner genau wahr. Zunächst schauen sich die Spieler nur in die Augen. Dann beginnen beide sich langsam zu bewegen, wobei sie die Bewegungen des anderen im selben Augenblick spiegelbildlich ohne Berührung nachvollziehen. Die Aufmerksamkeit dem Partner gegenüber bestimmt den Führenden. Es wird nicht gesprochen. Es ist sinnvoll mit einem Körperbereich anzufangen und diesen erst einmal zu erkunden, wie z. B. linker Arm, rechter Arm, Gesicht, beide Arme, beide Arme plus Gesicht.

Welcher Partner übernimmt die Führung? Wie wird die Führung gewechselt? Wie werden die Bewegungen ausgeführt? Was ist nicht möglich? Welche Bewegungen sind zu schwer?

Bei der Spiegelpantomime werden die Bewegungen des Spiegelpartners/ des Gegenübers spiegelbildlich nachgeahmt. Den Paaren können erst Übungen und dann Spielaufgaben gegeben werden, die sie als kleine Spielszenen der Gruppe vorspielen können: Beispiele: Aufstehen (vom Stuhl, aus dem Bette), Anziehen (Socken, Hose, Jacke), Morgentoilette (Waschen, Zähne putzen), Essen (Banane, Apfel), Posieren (wie ein Bodybuilder).

Eine unterstützende Übung sind „Die Katzen": Zwei Katzen umschleichen sich, fauchen, greifen sich an, ziehen sich zurück, versöhnen sich, kuscheln sich aneinander … schlafen ein.

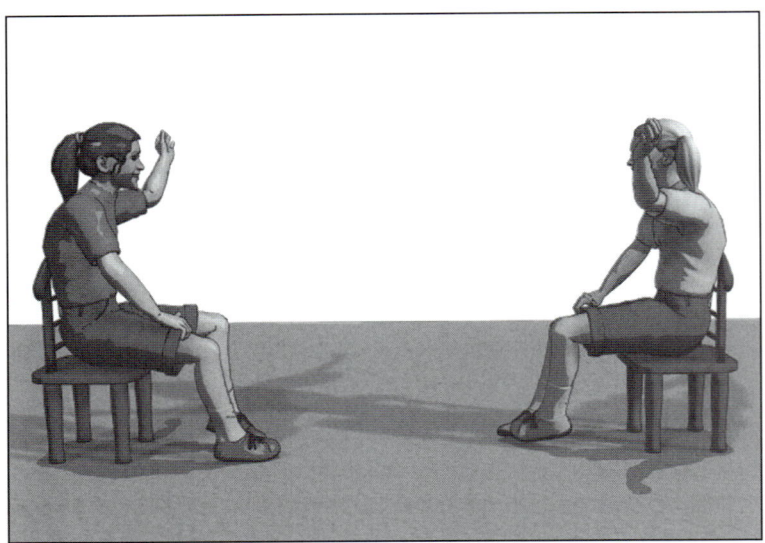

Abb. 82: Spiegelpantomime

Alle Spieler liegen als „Sonnenblumen" auf dem Boden oder sitzen   **Sonnenblumen**
auf ihren Stühlen zusammengesunken. Sie sind Samen der Sonnen-
blume. Es beginnt leicht zu regnen, dann scheint die Sonne, die Blumen
beginnen sehr langsam zu wachsen (Zeitlupe). Sind die Sonnenblumen
ausgewachsen, drehen sie sich zur Sonne, strecken und recken sich. Sie
stehen in voller Reife mit einem Lächeln im Gesicht (das ist die Sonne
der Sonnenblume). Wenn sich alle Sonnenblumen angelächelt haben,
beginnen sie schon wieder ganz langsam zu welken. Nach und nach
sinken die Blumen in sich zusammen, auf den Boden oder in den Stuhl
zurück. Eine langsame Musik unterstützt die Bewegungen des Wach-
sens und Welkens. Der Ablauf kann den Spielern vorab geschildert
werden und dann als Improvisation durchgeführt werden.

Andere Themen sind: Das Anzünden, Brennen und Verlöschen eines
Feuers oder das Öffnen und Verschließen einer Blüte am Morgen und
am Abend.

Spielszenen für einen und mehrere Spieler: Die folgenden Spielanregungen bieten genügend Möglichkeiten zur pantomimischen Szenen-
findung in der Kleingruppe (zwei bis fünf Spieler). Für die Durchführung gilt: Eine Aufgabe wird gestellt oder von den Spielern selbst
ausgesucht. Die Spielpartner sprechen den Handlungsablauf durch
und entscheiden auch die Eigenart ihrer Szene (unsinnig, wehmütig,
poetisch oder tragikomisch). Die Szenen sollten einen Anfang, eine

Handlung und ein klares Ende aufweisen. Bevor die Szene der Spielgruppe gezeigt wird, muss Sie ein paar Mal durchgespielt werden . Der Spielleiter berät.

- Zwei UFOs sind gelandet. Zwei seltsame Kreaturen steigen aus und beginnen mit ihren Methoden die Erde zu erforschen.
- Zwei Rentner suchen eine Roboterverleihfirma auf. Sie suchen einen günstigen Haushaltsroboter.
- Im Restaurant arbeiten zwei Kellner, die gemeinsam einen Tisch für ein Bankett decken. Das Problem ist: Ein Kellner ist äußerst genau/korrekt und sein Kollege ist äußerst träge/denkfaul.
- An einem Fließband werden Kartons von drei Menschen mit ungleichen Temperamenten (Langweiler, Kraftmeier, Träumer) in drei aufeinander folgenden Arbeitsschritten zusammengefaltet.
- Ein Topmodell hat einen Fototermin beim Starfotografen.
- Im Frisiersalon wird jeder Kunde sehr unterwürfig bedient, und – ob es nun stimmt oder nicht – mit einer herrlichen Frisur bedacht.
- Du bist der Pizzabäcker Alberto. Du machst Deine berühmte Pizza Grande. Deine Gäste probieren, Du vermisst Deine Armbanduhr ….
- Ein Kunde oder eine Kundin im Herren- oder Frauenbekleidungsgeschäft bekommen mal zu große, mal zu kleine Kleidungsstücke zur Anprobe.

Abb. 83: Sonnenblumen

Bewegungs-, Spiel- und Darstellungsreihen

- Luftballons
- Landschaftsreise
- Diavortrag
- Eins, Zwei, Drei im Dschungel
- Die Lachmaschine
- Marionette

Kapitel

5

Abb. 84: Luftballons

Die spielerischen und darstellerischen Aktivitäten mit „Luftballons"
sind nicht nur zum Aufwärmen Jeder Spieler erhält einen Luftballon
und bläst ihn auf. Reserveballons sind vorhanden. Der Spielleiter hat
auch einen Ballon und stellt die Aufgaben:

Luftballons

- Jeder Spieler schlägt seinen Ballon mit den Händen immer wieder
  hoch in die Luft.
- Nun kann jeder Spieler ein lautes oder leises „Toll" rufen, je nachdem, mit welcher Stärke der Ballon berührt wird. Ausprobieren: Ein
  leises „Toll" sagen und gleichzeitig einen kräftigen Schlag ausführen (und umgekehrt).
- Jeder Spieler probiert das in der Luft halten des Ballons mit folgenden Körperteilen: Handinnenfläche, Handrücken, linke/rechte
  Hand, Kopf (Nase, Ohren, Schläfe, Mund, Kinn), Schultern, Brust,
  Ellbogen, Hüften, Oberschenkel/Knie, Füße, und aus dem Liegen
  oder aus der Bankstellung.
- Jeder Spieler benutzt die Körperteile nach vorgegebener Reihenfolge, um den Ballon in der Luft zu halten.
- Die Spieler können mit ihren Ballons während und je nach Art der
  Bewegungen ein Gespräch zu führen: „Hallo Ballon! Flieg nicht
  weg! Komm wieder her! Was machst du? Wo willst du hin? Du willst
  auf meinen Rücken?" Und so fort.
- Die Gruppe steht eng zusammen, die Ballons werden mit den Händen
  hochgehalten. Jeder den eigenen! Auf Kommando des Spielleiters:
  Jeder hat die Möglichkeit, einen anderen Ballon wegzuschlagen.

- Die ganze Gruppe treibt ihre Ballons von einer Seite des Raumes zu der gegenüberliegenden Seite (Ballons aber nicht einklemmen oder festhalten) Schwerpunkte: z. B. nur mit dem Kopf treiben oder nur Schultern oder nur Füße. D. h., es kann je nach Körperteil mit einer unterschiedlichen Geschwindigkeit getrieben werden.
- Die Gruppe wird geteilt. Gruppe A steht auf der linken Seite und Gruppe B steht auf der rechten Seite des Raumes. Auf Kommando „Los" versucht jede Gruppe, ihre gegenüberliegende Seite im Raum zu erreichen. Bei der Überschneidung der Gruppen dürfen die Ballons der andere Gruppen weggeschlagen werden.
- Ballontransport zu zweit, zu viert. In der Sechsergruppe wird eine besonders ausgefallene Form des Balltransportes erarbeitet und vorgestellt. Den originellsten Vorschlag probieren alle aus.

Abb. 85: Die Landschaftsreise

Die Landschafts- reise

Bei einer „pantomimischen Landschafts- oder Phantasiereise" werden den Spielern der Reihe nach verschiedene Landschaften genannt. Jede Landschaft wird mit entsprechenden Vorstellungs- und Empfindungs- bildern ausgeschmückt. Jeder Teilnehmer wird so zu Fortbewegungs- formen angeregt, die den leeren Spielraum füllen. Der Handlungsauf- bau folgt einfachsten dramatischen Strukturen: Einleitung, Ereignis/se, Ende und gleichzeitig Einleitung/Übergang zur nächsten Szene. Um zu einer Landschaftsreise zu motivieren, sollte der Spielleiter weniger ablesen, sondern seine Wortwahl, seinen Redefluss und seine Bilder der Gruppe anpassen. Der Spielleiter beobachtet und begibt sich hin und wieder mitspielend in die Gruppe (besonders zu Beginn). Hinweis: Die Spieler sind barfuß, wenn der Raum warm genug ist. Selbstverständlich kann der folgende Ablauf reduziert werden.

1. Unsere Reise durch Landschaften beginnt auf kurzem und sehr dichtem „englischem Rasen". Dieser Rasen ist äußerst angenehm zu begehen. Was spüren die Füße, wie werden die Füße aufgesetzt und wie verändert sich die Körperhaltung? – Es kann die Sonne scheinen oder ein angenehmer Nieselregen den Rasen befeuchten. Die Spieler versuchen, die Empfindungen mit ihrem Körper und in der Bewegung auszudrücken. Das weiche Gras unter den Füßen und der Sonnenschein verleiht ein Gefühl des Sichöffnens und -lösens.

2. Unerwartet wird eine Schotterstraße sichtbar. Die Füße spüren die kleinen, spitzen Steine. Der ganze Körper reagiert darauf mit Anspannung. Die Spieler beeilen sich, den Weg hinter sich zu bringen. Vielleicht bleiben auch Steinchen im Fuß stecken, so dass die Füße erst abgewischt werden müssen.

3. Der Straßenbelag wechselt zum Asphalt. Der ganze Fuß kann wieder aufgesetzt werden. Der Asphalt ist zunächst hart. Die Sonne steigt. Der Asphalt wird heißer und klebt leicht an den Füßen. Die Spieler beginnen zu schwitzen, bewegen sich mühsam und ermattet fort. Der Kopf und die Arme hängen schlaff am Körper.

4. Der Straßenbelag wird nach und nach sandiger und führt zu einem Dünenweg. Die frischer werdende Luft lässt das noch nicht zu sehende Meer bereits erahnen. Bald beginnt der Dünenweg. Man sinkt mit dem Fuß in den Sand, das Gehen wird erschwert – es ist aber nicht unangenehm. Bei jedem Schritt taucht der Fuß in den Sand, schiebt sich etwas nach vorn und rutscht, wenn man den nächsten Schritt einleitet, nach hinten weg. Der Dünenweg führt leicht bergauf und am höchsten Punkt angelangt, kann man endlich das Meer sehen. Nun muss man nur bergab gehen, um zum Strand zu kommen.

5. Zunächst ist der Strand bedeckt mit heißem Sand. Je näher man jedoch an das Wasser kommt, desto fester und kühler wird der Sand. Die frische Meeresluft regt dazu an, die eigenen Fußspuren im feuchten Sand zu betrachten, in den Sand den eigenen Namen zu schreiben, den Sand auf die Zehen zu nehmen und ihn mit dem Fuß ins Wasser zu werfen.

6. Am Wasser ist es zunächst ein wenig kühl an den Füßen. Vorsichtig untersucht man mit den Zehen die Temperatur des Wassers. Man beginnt mit den Zehen/dem Fuß im Wasser zu spielen. Die Spieler gehen nun tiefer ins Wasser: Das Wasser reicht zunächst bis an die Fußknöchel, dann bis an die Knie, bis an die Hüfte, langsam über Bauch und Brust hinweg bis ans Kinn. Nur noch der Kopf ragt aus

dem Wasser heraus, und die Spieler müssen ihren Kopf nach oben recken. Mit steigender Wassersäule verlangsamen sich die Bewegungen des Körpers. Mit Armen und Beinen und Kopf muss der Wellengang ausgeglichen werden. Die Bewegungen im Wasser und die Temperatur des Wassers werden als sehr angenehm empfunden: Die Spieler genießen das Schweben und den leichten Wellengang.

7. Die Spieler erhalten nun die Vorstellung, unter Wasser atmen, sehen und sich verständigen zu können – ungefähr wie Fische. Sie tauchen unter und können sich nun unter Wasser in alle Richtungen fortbewegen (wie in Zeitlupe). Sie können unter Wasser schweben, sie können auf dem Grund spazieren gehen, sie können Bewegungen ausprobieren. Sie werden von Fischen beäugt und schließlich begrüßt und berührt. Ein größerer und sehr freundlicher Fisch bietet seine Rückenflosse zum Festhalten an, so dass man von ihm durch das Wasser gezogen wird. Er zieht auf der Bahn einer Acht mal steigend, mal sinkend durch das Wasser, bis er in der Landnähe stoppt und sich vom Spieler verabschiedet (*siehe unten Wal und Schatzkiste*). Die Spieler gehen nun auf dem Grund entlang in Richtung Land. Hierbei wird in der Vorwärtsbewegung zunächst der Kopf, dann die Schultern, der Oberkörper/Bauch, Hüfte, Beine, Knie und Fuß entsprechend der abfallenden Wassersäule aus dem Wasser genommen. Erschöpft und glücklich über die Erlebnisse steht man bald am Strand.

8. Am Strand müssen zunächst Algen und Seetang aus den Haaren und vom Körper entfernt werden, schließlich findet sich noch ein kleiner Fisch in der Badehose. Die Augen beginnen vom Salzwasser zu brennen. Es wird unangenehm kühl, schließlich muss der ganze Körper durch Handreiben wieder erwärmt werden. Man beschließt, sich auf den Heimweg zu machen.

9. Die Spieler gelangen vom Strand auf eine Weide mit Kühen. Am Viehzaun wird erst der Sand von Füßen und Knöcheln entfernt. Aber Vorsicht – der Zaun steht unter Strom. Die Spieler versuchen den Zaun zu überwinden (kriechen, übersteigen, klettern). Einige Spieler verletzen sich dabei. Die kleinen Verletzungen brennen ein wenig. Die Kühe beginnen mit großen Augen zu muhen, die Spieler muhen zurück und einige Spieler treten dabei in Kuhfladen. Am Gras kann man sich die Füße, so gut es geht, abwischen. Missmutig wird der Rest der Weide überquert, wobei man peinlich darauf achtet, nicht wieder irgendwo hinzutreten oder sich anderweitig zu verletzen.

10. Endlich ist der Waldrand erreicht. Es führt kein Weg in den Wald hinein, so dass erst einmal Gestrüpp, Büsche, Äste, Spinnweben, Dornen das Weiterkommen erschweren. Sehr erfreulich ist es, dass

an einigen Sträuchern wohlschmeckende Früchte gepflückt werden können. Eine kleine Zwischenmahlzeit kann nicht schaden, aber Obacht: In einigen Früchten befinden sich Würmer.

11. Nachdem der Waldrand durchquert wurde, Dornen aus der Haut gezogen sind, lichtet sich das Buschwerk, ein hoher und dunkler Wald zeigt sich nun. Der Waldboden wird als äußerst angenehm empfunden, leicht moosig, federnd und mit weichen Tannennadeln überzogen. Es riecht aromatisch nach Tanne, der Duft durchzieht den Körper. Eine kleine Lichtung erregt die Aufmerksamkeit. Gerade als die Sonnenstrahlen den Körper wohlig erwärmen, erscheint ein riesiger Mückenschwarm. Trotz aller Abwehrversuche erreichen einige Mücken ihr Ziel, es beginnt an unterschiedlichen Stellen des Körpers zu jucken. Noch im Davoneilen muss gekratzt werden. Als wir stehen bleiben, hat der Juckreiz soweit nachgelassen, dass wir uns umschauen können. Die Sonne ist verschwunden, es ist noch dunkler geworden, es ist still, hin und wieder ist ein Geräusch zu hören, dass uns herumwirft. Wir haben uns verlaufen, sind unsicher, furchtsam und unruhig. Jeder Spieler ist ganz allein und geht vorsichtig, Baum um Baum, los. Immer wieder sind Geräusche aus der Dunkelheit zu hören, es wird unheimlich, Äste knacken in der Entfernung, ein Waldkauz ruft, man stößt sich die Nase an einem Baum, keiner von uns glaubt an böse Geister, dennoch rennen wir beim nächsten Astknacken und Käuzchenruf voller Panik über Wurzeln stolpernd und an Bäume stoßend los. So gelangen wir überraschend aus dem Wald. Alle Spieler müssen sich erst einmal verschnaufen und beruhigen. Nun treffen sich alle wieder, einige Spieler liegen sich sogar in den Armen, wogegen andere nur auf ihre Wunden zeigen.

12. In der Nähe plätschert ein Bach. Jeder kennt diesen Bach, sein wohlschmeckendes Wasser, seine glitzernden Steine, wovon man nur allzu gern den einen oder anderen mitnimmt. Alle sind heilfroh zu wissen, dass im und am Bach entlang der Weg nach Hause führt.

13. Zum Schluss sind alle gut und einigermaßen wohlbehalten zu Hause angekommen. Nur noch ein Garten muss durchquert oder eine Gartenpforte geöffnet werden, bis man die Haustür erreicht.

14. Der erste Weg im Haus führt in die Küche, ein Schluck warmer Tee muss erst einmal ausreichen, denn man wird unter die Dusche geschickt. Das heiße, aber sehr wohltuende Wasser durchströmt den ganzen Körper. Die Haare werden gewaschen und die besonders schmutzigen Füße und Hände mit Seife gereinigt. Man trocknet sich ab. Einige kleben Pflaster auf wunde Stellen, andere cremen ihren Körper ein und wieder andere trocknen sich mit dem Fön. Es riecht im ganzen Haus nach Pfannkuchen – Ende und Pause.

Variationen   Diese können selbst Phantasiereisen sein:

a) Der Dachboden: Zu Haus oder in einem Häuschen unterwegs (vielleicht im Wald) steigt man eine Treppe hinauf auf einen Dachboden. Auf diesem Dachboden entdeckt man unter einem Haufen alter Kleider eine große alte Kiste; ganz vorsichtig entfernt ihr die Kleider; über dem Schloss der Kiste entdeckt ihr ein Schild, auf dem erstaunlicherweise steht: Kommandant Mück, Weltraumfahrer. Die Kiste ist nicht verschlossen und ihr öffnet sie. In der Kiste sind die merkwürdigsten Dinge, die sich nur in Zeitlupe bewegen lassen. Es kann sich auch um die Kiste des großen Zauberkünstlers Albertini handeln.

b) Im Walmagen: Unter Wasser stößt man auf einen großen Wal. Wir geraten in seinen Sog und befinden uns plötzlich im Magen des Wales. Der Magen sieht aus wie eine riesige Grotte, von der Decke tropft es und am Boden sind Pfützen. Der Gestank ist beißend. Neben viel Unrat entdecken wir eine reich verzierte Kiste. Nach einigen Versuchen, die Kiste zu öffnen, gelingt es uns endlich. Wir sehen staunend: Goldmünzen, Zepter, Edelsteine, eine Krone, Diamanten, Perlenketten, Ringe, Armreifen. Jedes Schmuckstück wird anprobiert. Es reicht für die ganze Spielgruppe. Die Stimmung wechselt. Mit den Schmuckstücken bewegen sich alle wie auf einem Ball der feinen Leute. Irgendwann kehrt jedoch das Gefühl der Gefangenschaft zurück. Es macht sich Resignation breit. Plötzlich ist ein sehr lautes Schrammen zu hören, das Schaukeln hört auf. Wir fallen fast nach vorn, der Wal bewegt sich nicht mehr. Es ist still. Einige mutige Spieler gehen voran; als alle mit anpacken, gelingt es den Walmund zu öffnen und nach draußen zu kommen. Völlig überraschend befindet man sich am Strand. Bei aller Freude muss zuerst der Wal gerettet werden. Er muss mit vereinten Kräften zurück ins Wasser geschoben werden.

Gruppenbild
mit Stuhl   Vier oder fünf Spieler für die Spielform „Gruppenbild mit Stuhl" stehen auf gleicher Höhe ungefähr vier Meter vor der Rückseite eines Stuhls. Ziel dieses Spiel ist es, dass alle Spieler in der Bewegung einfrieren, sobald sich ein Spieler auf den Stuhl setzt, so dass ein Gruppenbild mit Stuhl entsteht. Der Spielleiter gibt das Kommando „Los" oder klatscht in die Hände.

Die Zuschauergruppe sitzt an der Seite. Da während der ersten Durchgänge der Schnellste zuerst sitzen wird, muss der Spielleiter eine andere Spielidee anbieten. Diese andere Spielidee besteht darin, mehr Wert auf das Gruppenbild „Kampf um den Stuhl" zu legen. Dieses Gruppenbild soll der Zuschauergruppe zu einer genüsslichen Betrachtung verhelfen. Dazu kann der Spielleiter folgende Aufgaben stellen: „Der Langsamste aus den vorherigen Runden soll als erster auf dem Stuhl sitzen. Das Bild soll aber nicht an Wirkung verlieren."

Abb. 86: Gruppenbild mit Stuhl

Der Stuhl soll in Zeitlupe erreicht werden. Auf ein mittleres Tempo zum **Variation** Stuhl hin erfolgt das Kommando Zeitlupe.

Die Gruppe bildet für die Spielform „Die Acht, die lacht!" einen großen | **Die Acht, die lacht!** Kreis im Stehen mit Handfassung. Alle schließen die Augen. Das Ziel des Spieles ist das blinde Stellen einer geometrischen Figur: a) ohne verbale Absprachen und b) mit verbalen Absprachen. Erfolgt das Stellen mit verbalen Absprachen, entscheiden die Spieler auch verbal, wann die Augen geöffnet werden sollen. Herausfordernd ist es, wenn nicht gesprochen werden darf. Hier kann der Spielleiter das Signal zum Augen öffnen geben, oder die Spieler legen ein Signal fest (z. B. Händedruck weitergeben).

Der Spielleiter gibt die folgende sinngemäße Anweisung: „Stellt grafisch die Zahl Acht dar, ohne die Hände loszulassen."

Weitere Anweisungen sind z. B.: Dreieck, Quadrat, Baum mit Ästen, **Variationen** die Zahl Drei (ein Handpaar muss sich lösen!), Verkehrsstau, Meereswelle, Weinglas, Haus, Kino.

Abb. 87: Die Acht, die lacht!

Ich bin eine Stehlampe!

Bei der Spielform „Ich bin eine Stehlampe!" nennen Teilnehmer aus der Gruppe spontan eigene Motive/Ideen, die sofort gestellt werden. Die sehenden Spieler gehen frei im Raum umher (evtl. Handtrommelbegleitung). Auf Anweisung des Spielleiters stellen die Spieler sofort ein Bild und verharren. Ein erstes Bild kann z. B. ein Wohnzimmer sein. Die Spieler verwandeln sich hierbei in Einrichtungsgegenstände (Blumentopf, Sitzcouch, Sessel, Stehlampe, Aschenbecher usw.). Während der Verharrung geht der Spielleiter umher und fragt jeden, was er darstellt. Danach beginnt eine neue Runde, wobei die (Raum-)Idee schon aus der Gruppe kommen kann. Der Spielleiter muss jedoch immer bereit sein einzuspringen.

Ein wesentliches Moment dieser Spielform ist das Fragen „Was bist Du?" durch den Spielleiter, wenn die Gruppe ein Bild gestellt hat. Die Spieler erkennen dabei die Reichhaltigkeit der Lösungen.

Beispiele für Bilder, die gestellt werden, sind: Küche, Kellerraum, Flohmarkt, Dachboden, Sommerdekoration und/oder Winterdekoration im Schaufenster eines Kaufhauses, Entrümpelung/Straßengerümpel, Segelboot.

Hinweis

Dieses Spiel dient als Vorbereitung für Standbildszenen.

Abb. 88: Ich bin eine Stehlampe

Für das Spiel „Duo-Haltungsveränderung" sucht sich jeder einen Partner. **Duo-Haltungsver-**
Jeder Spieler hat einen Stuhl, die Paare sitzen gegenüber (ein – zwei Meter **änderung**
Abstand). Spieler A bekommt zuerst die Rolle des Beobachters und Spieler B bekommt die Rolle des Verwandlers. Der Beobachter versucht sich
genau einzuprägen, wie sein Gegenüber sitzt, welchen Gesichtsausdruck er
zeigt, welche Kleidung er wie anhat, wie er seine Arme und Beine hält. Hat
der Beobachter für sich festgestellt, sich alles eingeprägt zu haben, dreht
er seinen Kopf weg oder schließt die Augen. Der Verwandler hat nun die
Aufgabe, an sich ein Detail zu verändern (z. B. die Beine übereinander
schlagen). Hat er sich verändert, sagt er es seinem Partner und dieser hat
nun die Aufgabe, die Veränderung herauszufinden. Die Veränderungen
sollten zu Beginn leicht erkennbar sein, damit das Prinzip klar wird. Im
weiteren Spielverlauf wechseln die Paare selbständig die Rollen und der
Schwierigkeitsgrad nimmt zu. Ab einem bestimmten Zeitpunkt werden die
Paare feststellen, dass sie nichts mehr verändern können. Dies liegt jedoch
zumeist daran, dass immer die gleiche, unveränderte Ausgangsstellung, eine
einfache, ganz normale Sitzhaltung, gewählt wurde.

Die Variationsmöglichkeit besteht darin, zwei oder drei Details pro **Variation**
Verwandlung verändern zu lassen. Auch Kleidungsstücke können verändert werden (z. B. Schnürsenkel öffnen).

Abb. 89: Duo-Haltungsveränderung

Der blinde Scanner   Die Spielgruppe teilt sich für das Spiel „Der blinde Scanner" in Paare auf. Bei Anfängergruppen gesellen sich die Geschlechter zueinander. Die Paare stehen sich gegenüber. Bei jedem Paar ist Spieler A der blinde Scanner (oder Abtaster) und Spieler B ist die sehende moderne Statue. Der Abtaster schließt seine Augen und die moderne Statue nimmt eine Körperhaltung im Sitzen oder Liegen oder Stehen ein. Die moderne Statue gibt dem Blinden ein akustisches Signal, wann mit der Abtastung begonnen werden kann. Der blinde Abtaster macht sich an die Arbeit und streicht mit seinen Händen über die Konturen der Statue. Danach setzt, legt oder stellt er sich als Kopie neben die Statue. Erst wenn er fertig ist, öffnet er seine Augen und vergleicht.

Abb. 90: Der blinde Scanner

Der Spielleiter zeigt vorab allen Spielenden einige Körperhaltungen im **Hinweis**
Sitzen, Stehen und Liegen. Danach spielt der Spielleiter den blinden
Abtaster kurz an und erläutert geschlechtsspezifisch problematische
Zonen der Abtastung. Ferner gibt er den Hinweis an die Statuen, mit
einer einfachen und markanten Körperhaltung zu beginnen.

Für das Spiel „Der Blinde (B), die Statue (C) und der Anweiser (A)" teilt **Der Blinde (B), die**
sich die Spielgruppe in Dreiergruppen auf. Dieses Spiel kann auf eine kurze **Statue (C) und der**
Formel gebracht werden: Der Anweiser (A) beschreibt dem Blinden (B) **Anweiser**
wie die Statue (C) steht, sitzt, kniet oder liegt, und der Blinde folgt diesen
Anweisungen. Diese Formel reicht meist schon aus, um das Spiel beginnen
zu lassen. Nach jeder Runde erfolgt ein Rollenwechsel. Die Statue bestimmt,
nachdem Spieler B die Augen geschlossen hat, selbst ihre Haltung. Hat die
Statue ihre Haltung gefunden, beginnt A mit seinen Anweisungen für den
Blinden. Das Spiel ist abgeschlossen, B darf die Augen öffnen, wenn die
Anweisungen von A zu einer Kopie von C geführt haben.

Abb. 91: Der Blinde (B), die Statue (C) und der Anweiser (A)

Für das Spiel „Der Diavortrag – Märchen in Standbildern" wird die **Der Diavortrag**
Gruppe in Kleingruppen aufgeteilt (pro Gruppe sechs – acht Spieler). **– Märchen in**
Jede Gruppe erhält die Aufgabe, sich (im Geheimen) auf ein Märchen **Standbildern**
zu einigen oder der Spielleiter nennt der jeweiligen Gruppe ein Märchen. Das Märchen selbst wird in zehn markante, aufeinander aufbauende Standbilder unterteilt. Diese Standbilder werden später in einer
Art Diavortrag vor der Gruppe aufgeführt. Es ist notwendig, dass die

Standbilder bzw. Rollen und Körperhaltungen geprobt, wiederholbar gemacht werden und die wesentliche Information zeigen. Während des Diavortrages gibt der Spielleiter folgende Anweisungen: a) Diaprojektor dunkel = die Zuschauergruppen schließen die Augen und die Spielgruppe stellt ihr Standbild, b) Diaprojektor hell = die Zuschauergruppe öffnet die Augen, das jeweilige Standbild ist zu betrachten, dann (nach ca. fünf – zehn Sekunden) wird der Diaprojektor wieder dunkel, die Zuschauer schließen wieder die Augen und so fort bis zum Endstandbild des Märchens. Es dürfen Andeutungs-Requisiten benutzt werden. Als Alternative kann anstatt eines Märchens ein banales Alltagsgeschehen (Ausrutschen auf einer Bananenschale) in Standbilder aufgeteilt werden.

Abb. 92: Der Diavortrag – Märchen in Standbildern

Minutenschätzen Die Übung „Minutenschätzen" dient als Einleitung (oder für Zwischendurch, als Überleitung) der Spielreihe „Zum Dschungel". Der Spielleiter erläutert, dass es nun darum geht, die Zeitdauer einer Minute, ohne auf die eigenen Uhren zu sehen, zu schätzen. Die Gruppe schließt die Augen, der Spielleiter teilt mit, wann es losgeht (er schaut natürlich auf seine Uhr) und wann die Minute vorüber ist. Die Spieler können durch Armheben anzeigen, wann eine Minute verstrichen ist.

Variation Weitere Schätzaufgaben können z. B. die Anzahl der Knöpfe von zwei oder drei Spielern betreffen oder die Anzahl der Bonbons in den Hosentaschen des Spielleiters.

Abb. 93: Minutenschätzen

Der Spielleiter sieht auf seine Stoppuhr und sagt los. Die Gruppe geht sehend durch den Raum. Jeder bleibt nach seinem Gefühl stehen, wenn er glaubt eine Minute sei vorüber. Der Spielleiter ruft nach einer Minute oder geht auch mit und bleibt dann stehen, wenn tatsächlich eine Minute vorbei ist.

Bei der Spielform „Eins, Zwei oder Drei?" erhalten die Spieler vom Spielleiter zunächst die Aufgabe, entweder an die Zahl Eins oder die Zahl Zwei oder die Zahl Drei zu denken. Wenn die Spieler fertig sind, sagt der Spielleiter, dass sich die gleichen Zahlen nun suchen sollen. Dieses Suchen geschieht stumm, nur mit entsprechendem Händedruck (1-mal, 2-mal oder 3-mal) finden sich die Einser, Zweier und Dreier. Unbedingt mehrmals spielen.

Eins, Zwei oder Drei

Die Spieler gehen durch den Raum. Treffen zwei Spieler aufeinander schütteln sie ihre Hände (jeweils eine Hand) und auf Drei stoppen die Hände. Mit den Fingern soll dann direkt eine Zahl zum Ausdruck gebracht werden (z. B. zwei Finger bedeuten die Zahl Zwei). Die Spieler zählen dann die Anzahl ihrer ausgestreckten Finger zusammen. Haben beide Spieler zusammen die Anzahl von sechs Fingern geschüttelt, rufen sie laut „Hurra". Bilden ihre Finger in der Summe eine andere Zahl, dürfen sie sich umarmen. In jedem Fall gehen die Paare wieder auseinander und suchen sich einen neuen Partner. Der gemeinsame Ruf kann entsprechend der Spielreihe auch ein lautes Bellen, Miauen o. Ä. sein.

Fortführung

Abb. 94: Eins, Zwei oder Drei

Tiere vom Bauernhof/ Tiere in Europa

Bei der Spielform „Tiere vom Bauernhof/Tiere in Europa" werden die Spieler zunächst gebeten, an ein Tier ihrer Wahl zu denken. Das Tier muss allerdings auf einem Bauernhof in Deutschland/Europa zu finden sein. Hat jeder Spieler ein Tier im Kopf, gibt der Spielleiter die Anweisung, dass sich die Tiergruppen finden sollen. Dieses Finden geschieht, indem die entsprechenden Tierlaute gemacht werden. Der Spielleiter kann anfangs auch einige Tiere nennen, die sich auf dem Bauernhof befinden, und ihre Laute kurz andeuten. Der Spielleiter macht mit.

Abb. 95: Tiere vom Bauernhof/Tiere in Europa

Am Ende finden sich neben den bekannten Tiergruppen (z. B. Katzen, Hunde, Schweine, Schafe) auch immer wieder seltene Einzelexemplare (z. B. Ringelnatter, Storch) oder Einzelpaare (z. B. Tauben). Der Spielleiter sollte jeder Tiergruppe am Ende die Möglichkeit geben, sich mit dem entsprechenden Tierlaut vorzustellen. Danach folgt eine zweite Runde.

Die Spielform „Tiere in Afrika/im Urwald" ist die Fortsetzung von Tiere vom Bauernhof. Hier kann es notwendig sein, dass sich der Spielleiter zunächst einmal solche Tiere in Afrika/im Urwald nennen lässt, die die Spieler kennen, und selbst einige Tiere mit Geräusch vorstellt. Nach der Urwaldtier-Vorstellungsrunde bittet der Spielleiter die ganze Gruppe um die Geräuschkulisse eines Urwaldes.

Tiere in Afrika/ im Urwald

Den Abschluss der Spielreihe bildet das Spiel „Blinde Forscher im Dschungel". Der Spielleiter „bestimmt" zunächst „Freiwillige" (zwei – sechs Spieler je nach Gesamtgruppengröße). Der Spielleiter macht sie zu einer Gruppe Wissenschaftler, die sich in Afrika verlaufen haben. Endlich haben sie das letzte Hindernis zu überwinden. Die Spielgruppe stellt dieses Hindernis dar – ein Dschungel mit Einzelbäumen. Jeder Spieler ist ein Baum. Zusätzlich kann jeder Baum ein Urwaldtier sein. Es kann notwendig werden, dass der Spielleiter die Gruppe jetzt wie ein kleines Urwäldchen stellt (Abstand von Baum zu Baum ca. ein Meter, auch Verschlingungen). Danach lässt sich der Spielleiter die mächtige Geräuschkulisse eines Urwalds erst vorführen, und für die Forscher wird es ernst. Die Forscher stehen etwa drei Meter vor dem Dschungel. Der Spielleiter sagt ihnen, dass sie blind sind oder es im Urwald so dunkel ist, dass sie nicht sehen können. Die Forscher stehen drei bis vier Meter vor dem Urwald und gehen entsprechend der Geräuschkulisse durch den Urwald. Hier empfängt sie der Spielleiter und beglückwünscht die Forscher, die nun wieder das Tageslicht genießen dürfen. Unbedingt mehrmals mit immer neuen Forschern durchspielen.

Blinde Forscher im Dschungel

Die Spielreihe „Die Lachmaschine" beginnt mit der Spielform „Laserfangstrahl". Die Spielgruppe teilt sich zu Paaren auf. Die Paare stellen sich ca. drei bis vier Meter auseinander. Jeweils ein Spieler des Paares ist der Laserlenker und der andere ist der Gelenkte. Beide können nicht sprechen. Der Laserlenker hat in seinem Zeigefinger einen Laser eingebaut, mit dessen imaginärem Strahl er seinen Partner lenken kann. Zeigt er z. B. auf den Fuß des Gelenkten, wird sich der Fuß solange nach vorn schieben, bis der Laserstrahl auf ihn gerichtet ist. Es sollte mit den Armen begonnen werden. Hat das Paar sich eingespielt, kann eine Fortbewegung durch den Raum z. B. mit Kontakt zu anderen Gelenkten stattfinden. Rollenwechsel durch Ansage.

Laserfangstrahl

Abb. 96: Laserfangstrahl

Bewegungs-
reporter

Für die Spielform „Bewegungsreporter" ist es günstig, wenn die Spieler schon einmal stumm dargestellt haben (z. B. durch Charaden) und wenn der Reporter die Möglichkeit bekommt, etwas erhöht zu stehen. Die Spieler gehen zu dritt zusammen. Ein Spieler ist der Bewegungsreporter, seine Mitspieler machen/spielen nun das was er sagt. Falls ein rede ungeübter Spieler die Rolle des Reporters übernimmt, sollten die beiden Spieler ihre Bewegungen und Grimassen in Zeitlupe darstellen (z. B. zwei Boxkämpfer oder zwei Arbeitsroboter).

Abb. 97: Bewegungsreporter

- Der Reporter kann sich bei seiner Direkt-Reportage an den Bewegungen der Spieler orientieren. Dies würde auch der Wirklichkeit einer Reportage entsprechen.
- Der Reporter kann aber auch die Bewegungen vorgeben und die Spieler reagieren.
- Oder aber aus der Reportage wird ein Bewegungs-Aufsatz. Das würde bedeuten, dass der Reporter seine Reportage bereits fertig hat, sie spricht und die Spieler ihre Bewegungen dazu machen.

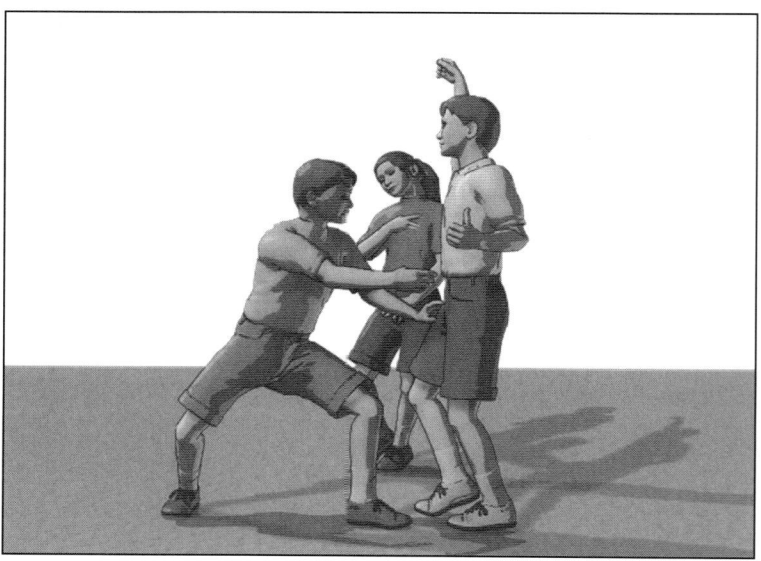

Abb. 98: Skulpturen oder Maschinen

Für die Spielform „Skulpturen oder Maschinen" gehen die Spieler zu zweit oder zu dritt zusammen. Ein oder zwei Spieler arbeiten mit der Vorstellung, verformbares Material zu sein. Der andere Spieler erhält die Rolle eines Bildhauers oder eines Ingenieurs und bearbeitet sein Material, bis durch Berührungen z.B. eine moderne oder bekannte Skulptur oder eine Maschine, die sich bewegt und Geräusche von sich gibt, entsteht. Bei den mechanischen Apparaturen kann der Spielleiter assoziative Beispiele nennen: Kuckucksuhr, Toilettenspülung, Küchengerät (Kaffeemaschine, Mixer) und so fort. Die Ergebnisse können vorgestellt werden.

Skulpturen oder Maschinen

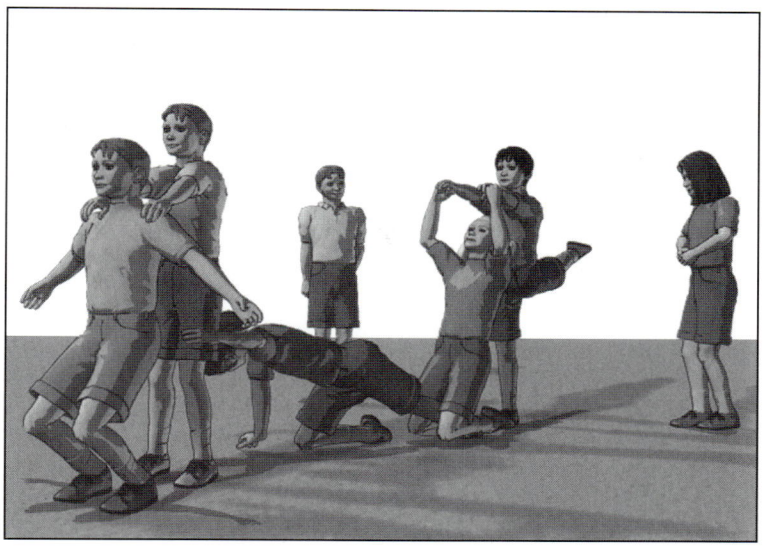

Abb. 99: Die Kettenmaschine

Kettenmaschine

Bei der Spielform „Kettenmaschine" wird in Gruppen mit der Größe von sieben bis neun Spieler gespielt. Ein Spieler arbeitet mit der Vorstellung, das bewegliche Teil einer Maschine zu sein – er ist der Ausgangspunkt der Kettenmaschine.

Alle anderen Spieler sind zunächst Konstrukteure. Ein Konstrukteur beginnt und verändert dieses erste Maschinenteil nach seinen Vorstellungen (wackelt mit dem Kopf und zischt). An dieser Stelle kann das Spiel „Kettenmaschine" zwei unterschiedliche Entwicklungsrichtungen nehmen:

a) Der erste Konstrukteur stellt sich, wenn er fertig ist, neben das veränderte Maschinenteil und wird ein neutrales neues Maschinenteil. Der nächste Konstrukteur fügt nach seinen Vorstellungen dieses neutrale Maschinenteil an das erste, gibt dem Maschinenteil eine Aufgabe; so wird auch er neutral und so fort.

b) Der erste Konstrukteur schließt sich nach seinen Vorstellungen hinsichtlich Bewegung und Geräusch an das erste Maschinenteil an (wird selbst zum Maschinenteil). Danach kommt der nächste Konstrukteur an die Reihe und so fort.

Der letzte Konstrukteur kann in beiden Fällen die Maschine noch im Detail verändern und sie bewundernd zwei- bis dreimal an- und wieder abstellen.

Zu Beginn der Spielform „Die Autowaschstraße" bildet die Spielgruppe eine Gasse (Abstand ca. 0,5 bis 1 Meter); die Gesichter sind zugewandt. Der Spielleiter befragt die Spielgruppe nach den Abschnitten (Geräusche und Aktionen) einer Waschstraße. Nun werden die Spieler zu Teilen einer Autowaschstraße. Je nach Gassenabschnitt gibt es: Vorwäsche (Einsprühen, Einschäumen und hartnäckigen Schmutz bearbeiten), Hauptwäsche (die Reinigungswalzen bearbeiten das Auto rundherum), Glanzwachs (Aufsprühen von Glanzwachs) und Trocknen (Ventilatoren trocknen das Auto). Auflösungen dieser Ordnung im Verlauf des Spiels sind unbedeutend.

Die Autowasch-straße

An einem Ende der Gasse wird begonnen. Erst ein Spieler und danach sein Gegenüber (und so fort) begeben sich auf allen Vieren in die Waschstraße. Sie werden durch Hände und Geräusche der Waschstraße „gewaschen". Am Ende der Waschstraße reihen sie sich wieder in die Gasse ein. Das Spiel endet dann, wenn das erste Auto erneut durch die Waschstraße müsste.

Variation

Abb. 100: Die Autowaschstraße

Bei der Spielform „Maschine anhalten – Maschine bewegen" stellt einer von zweien eine Maschine dar, und zwar so, dass möglichst viele Körperteile in Bewegung sind. Nun stellt der andere schrittweise die Maschine ab, wobei der Maschinendarsteller die benannten oder berührten Körperteile stillhält und mit den noch „laufenden" Teilen weitermacht, bis die Maschine vollends abgestellt ist.

Maschine anhalten – Maschine bewegen

Umgekehrt wird begonnen, der Partner wird nach und nach in Bewegung versetzt.

Abb. 101: Maschine anhalten – Maschine bewegen

Abb. 102: Die Lachmaschine

Lachmaschine

Bei der Spielform „Lachmaschine" handelt es sich um eine Darstellungsaufgabe. Unsere Lachmaschinen werden von Menschen konstruiert. Die „Maschinenteile" einer Lachmaschine werden natürlich auch von Menschen dargestellt. Gemäß dem Motto „dem Ingenieur ist nichts zu schwör" machen sich die Spieler an die Arbeit. Dabei lassen sich die Konstrukteure auch von dem Gedanken inspirieren, selbst zu Teilen der Lachmaschine werden zu können. Aber Achtung! Mit einer Lachmaschine kann man mindestens zwei Absichten verfolgen: Die fertige Lachmaschine kann, einmal in Betrieb gesetzt, selbst lachen. Oder die Lachmaschine wird konstruiert, um andere Menschen zum Lachen zu bringen; dazu muss sie nicht unbedingt selbst lachen.

Die Spielreihe Lachmaschine sollte:
- Durch Spielformen vorbereitet werden;
- Als einziges Motiv gegeben werden;
- In Gruppen von vier bis sechs Spielern entwickelt werden;
- Als Kurzszene erarbeitet und wiederholbar gemacht werden.

Alle Gruppen sollten ihre Lachmaschinen vorführen.

Abb. 103: Vier Punkte

Beim Spiel „Vier Punkte" geht oder läuft die Gruppe frei durch den Raum, jeder Spieler merkt sich einen Punkt im Raum, auf Kommando soll er von jeder Stelle des Raumes mit dem Finger/Arm/Oberkörper darauf zeigen können, friert dabei für ca. drei Sekunden ein und geht (läuft) auf Zeichen des Spielleiters weiter. Man kann mit dem Fußboden beginnen, das Kommando des Spielleiters lautet hierzu z. B. „Eins", die Spieler zeigen auf ihren Punkt am Boden, frieren in dieser Position ein und laufen auf Kommando weiter. Insgesamt werden vier Punkte nach und nach benutzt:

Vier Punkte

- Der Punkt auf dem Fußboden („Eins");
- Der Punkt an der Decke („Zwei");
- Der Punkt an der Fensterseite („Drei");
- Der Punkt an der Türseite („Vier").

Der Spielleiter muss sich nicht an die Reihenfolge halten. Die Zeigehaltung soll im ganzen Körper sehr anschaulich sein. Der Spielleiter sollte eventuell eine für alle gültige Zeigehaltung vormachen.

Abb. 104: Statuen im Wandel

Statuen im Wandel „Statuen im Wandel" bedeutet, dass drei Spieler immer wieder neue Statuen stellen. Die Spieler bewegen sich frei durch den Raum. Ruft der Spielleiter „Statue …" bilden jeweils drei Spieler eine moderne Plastik ihrer Wahl. In jeder Dreiergruppe herrscht strengster Zusammenhalt. Das heißt, dass sich Spieler in den Dreiergruppen fortdauernd berühren müssen. Oder sie dürfen nur auf drei Beinen stehen. Oder ein Spieler darf nicht den Boden berühren. Oder der Spielleiter fordert durch einen originellen Phantasienamen „Statue Wildes Huhn" zur spontanen Interpretation. Oder der Spielleiter ruft z. B. ein Küchengerät („Statue Toaster").

Die Spieler müssen sich hin und wieder absprechen dürfen, müssen stets aufeinander achten und sollten ihre Interpretationen vorstellen.

Kopf und Kreide Bei der Spielform „Kopf und Kreide" arbeitet jeder Spieler mit der Vorstellung, dass sich auf seinem Kopf ein dickes Stück Kreide befindet.

Dieses Stück lässt sich nicht entfernen, aber man kann damit seinen Namen an die Decke und an die Wand schreiben. Wird diese Übung als Kennenlernspiel benutzt, dann gehen zunächst zwei Personen zusammen, die sich noch nicht kennen. Eine Person beginnt und schreibt ihren Namen an die Decke. Als Kennenlernform kann auch die ganze Gruppe (bei maximal zehn Personen) mit in den Rate- bzw. Erkennungsprozess einbezogen sein.

Abb. 105: Kopf und Kreide

Die ganze Gruppe bildet den „menschlichen Luftballon" ohne Luft. Mit Handfassung bildet die Gruppe einen engen Kreis in der Raummitte und geht in die Hocke oder liegt auf dem Boden. Der Spielleiter macht Geräusche, als ob er einen Luftballon aufblasen würde. Der Luftballon wird langsam aufgeblasen, er weitet sich nach und nach, bis er platzt. In der Wiederholung erzeugen die Spielenden die Geräusche des Aufblasens und Platzens.

Menschlicher Luftballon

Für die Spielform „Eismensch, Fön und Luftpumpe" gehen die Spieler zu zweit zusammen. Folgender Ablauf wird probiert:

Eismensch, Fön und Luftpumpe

1. Spieler A verfügt über einen Gefrierlaser (z. B. sein linker Zeigefinger). Damit friert er nach und nach alle Körperteile von Spieler B ein. Spieler B wird zum Eismenschen.
2. Spieler A erhält nun die Aufgabe, eine schonende Auftau-Methode (Körperteil für Körperteil) zu ersinnen und anzuwenden: Der Eismensch selbst schmilzt zu einer Pfütze. Beispiele für Auftau-Methoden: Fön, Anhauchen, Finger-Wärmestrahlen.
3. Spieler A hat den rettenden Einfall. Er stöpselt eine Fußluftpumpe in die Pfütze und beginnt zu pumpen. Spieler B festigt sich im

Rhythmus des Pumpens zu neuem Leben, füllt sich nach und nach mit Luft bis zum Stand. A schließt das Ventil bevor B platzt.

4. Nun kommt der Spielleiter und sticht mit einer imaginären Nadel zu. Der betroffene Spieler saust durch den Raum.

Danach erfolgt ein Wechsel der Rollen.

Dieser phantastische Ablauf hat eine Grundstruktur zur Schulung des Körperbewusstseins und des Körpergefühls: Anspannung, Entspannung, rhythmische Spannungszunahme und spontane Entspannung.

Abb. 106: Menschlicher Luftballon

Abb. 107: Eismensch, Fön und Luftpumpe

Beim „Marionettenspiel" sitzen oder stehen die Spieler im Kreis. Der **Marionettenspiel** Spielleiter erläutert das Spiel. Jeder Spieler ist eine Marionette, die mehr kann als die andere. Warum? Eine Marionette beginnt zu sprechen: „Ich bin eine Marionette und kann den Arm hoch und runter nehmen." Alle anderen Marionetten im Kreis machen diese Bewegung nach. Entgegen dem Uhrzeigersinn geht es weiter: Die nächste Marionette ist also der rechte Nachbar der ersten Marionette: „Ich bin eine viel bessere Marionette und kann dies: Den Kopf nicken." Diese Marionette macht diese neue Bewegung und alle anderen müssen, wie sie auch, diese Bewegung nachmachen, ohne aber mit der ersten aufzuhören. Wird es einer Marionette zu kompliziert ruft sie laut: „Meine Fäden sind verknotet". Das Spiel wird unterbrochen. Eine neue erste Marionette beginnt oder das Spiel ist ganz zu Ende.

Abb. 108: Marionettenspiel

Dieser einfache Übungsablauf zur progressiven „Muskelentspannung" **Hinweis** kann zusätzlich in dieser Spielreihe benutzt werden.

1. Nackenmuskulatur
   - Schultern hochziehen in Richtung Ohren
   - Hoch und intensiv ziehen
   - Mit den Schultern rollen (große Kreise)
   - Kleine Kreise mit den Schultern
   - Entspannung, ruhig ein- und ausatmen (die Spannung verlässt den Nacken), die Schultern sinken
   - Wiederholung der Abfolge mit kreisenden Armen

2. Arme (links und rechts und beide Arme):
   a) „Langsam Faust ballen, langsam den Druck verstärken",
   b) „Die Spannung geht über die Ellbogen hinaus in den Oberarm",
   c) „Dann Entspannung mit einem Gefühl der Erleichterung. Spannung verlässt den Körper."
3. Beine (links und rechts und beide Beine):
   a) „Beine sind ausgestreckt und parallel",
   b) „Die Füße ruhen auf den Fersen oder den Außenseiten.",
   c) „Zehen anziehen, in Richtung Körper ziehen – und entspannen.",
   d) „Die Fußspitzen fallen locker nach außen.",
   e) „Die Beine fest zusammenpressen, halten und entspannen."
4. Gesicht:
   a) „Nacheinander anspannen von: Augenbrauen, Stirn, Kopfhaut, Nase runzeln, Augen zusammenkneifen, Zähne aufeinander beißen, Spannung im Kiefer spüren, Zunge gegen den Gaumen pressen, die Lippen zusammenpressen.",
   b) Entspannung („Das Gesicht zieht wohlig auseinander").

Wir hängen an Fäden!

Bei der Übungsform „Wir hängen an Fäden!" steht die Gruppe im Kreis. Einige Bewegungsaspekte einer Marionette sollte der Spielleiter vormachen können. Folgender Übungstext hat sich bewährt: „Bitte nehmt folgende Ausgangshaltung ein. Die Füße stehen etwa schulterbreit auseinander, die Knie sind nicht gestreckt, sondern leicht nach vorn gebeugt. Der Oberkörper ist insgesamt leicht nach vorn gebeugt. Alle oberen Gliedmaßen hängen lose am Rumpf nach vorn oder seitlich herunter: Arme, Hände, Schultern, Kopf. Wir kommen nun zu den einzelnen Fäden, die eure Körperteile bewegen können."

1. Kopffaden: Nun stellt sich jeder Spieler vor, dass an seinem Kopf ein Faden befestigt ist. Dieser Faden zieht den Kopf nach oben, bewegt ihn nach links und rechts und lässt ihn sanft wieder nach vorn fallen. Bevor mit anderen Körperteilen gearbeitet wird, wird der Kopf aufgerichtet oder er bleibt aufgerichtet oder er hängt.
2. Schulterfaden: Wie oben. Der Schulterfaden zieht erst die eine und dann die andere Schulter in die Höhe, dann werden beide gleichzeitig bewegt.
3. Ellbogenfaden: Wie oben. Der linke (dann der rechte) Ellbogen wird aufwärts gezogen (erkunden der Bewegungsmöglichkeiten). Die Ellbogen ziehen höher als die Schulter.
4. Handgelenksfaden: Wie oben – mit der Vorstellung, dass die Hand am Unterarm locker anhängt.

5. Zeigefingerfaden: Wie oben – mit der Vorstellung, dass jeweils an den Zeigefingern die Fäden befestigt sind.
6. Kniefaden: Wie oben. Der Oberkörper ist aufgerichtet, die Spannung ein wenig gemindert, so dass das Gleichgewicht gehalten werden kann. Der Kniefaden hebt erst das rechte Knie zur Waagerechten und senkt es wieder und dann das linke Knie.
7. Fußfaden: Wie oben. Das rechte Knie befindet sich in der Waagerechten. Der Fußfaden wird betätigt und zieht den Fuß nach vorn über den Körperschwerpunkt leicht hinaus, so dass ein Schritt gemacht werden muss. Danach erfolgt der gleiche Ablauf beginnend mit dem linken Knie.
8. Erst Ausgangshaltung, dann ziehen alle linken Fäden gleichzeitig.
9. Erst Ausgangshaltung, dann ziehen alle rechten Fäden gleichzeitig.
10. Erst Ausgangshaltung, dann ziehen alle Körperfäden (bis auf ein Bein) gleichzeitig.

Abb. 109: Wir hängen an Fäden

„Die Ein-Personen-Marionette": Die Spieler sind Marionette und Marionettenspieler in einer Person und bewegen sich mit Marionettenbewegungen durch den Raum fort. Anfänglich jeder für sich, aber mit der Möglichkeit, andere zu begrüßen oder mit ihnen gemeinsam ein Stück Weg zu gehen.

Die Ein-Personen-Marionette

Zur Bewegungsausführung ist es notwendig, dass zunächst nur die Fuß- und Kniefäden benötigt werden, um sich im Raum zu bewegen. Dazu ziehen die Hände an den entsprechenden Fäden der Knie- und Fußgelenke und führen die Beine zur Gehbewegung. Zieht man z. B. das linke Knie an einem imaginären Faden, der am Knie befestigt ist, in die Höhe, wird der Oberschenkel ungefähr waagerecht stehen gelassen und der Fußfaden betätigt. Mit dem Fußfaden wird das Bein auch wieder abgesenkt. Damit ist ein Schritt vollzogen und das rechte Knie wird angehoben. Wenn sich die Spieler auf diese Art durch den Raum bewegen, werden sie dazu aufgefordert, auch die andere Körperteile (an denen Fäden befestigt werden können) wie ein „Ein-Personen-Marionette" zu bewegen: Schulter, Kopf, Ellbogen, Füße, Finger und das Gesicht.

In dieser Form wird es jetzt möglich, dass sich die Spieler als Marionetten begrüßen, ihre Hände schütteln und so fort.

Abb. 110: Die Ein-Personen Marionette

Marionette und Marionetten- spieler

Die Übungsfolge „Marionette und Marionettenspieler" verfeinert die Marionettenbewegung und bereitet auf die Spielaufgabe (s. u.) vor. Zu zweit: Ein Spieler ist die Marionette und sein Partner der Marionettenspieler. Der Marionettenspieler steht erhöht auf einem Stuhl oder einer Bank in Richtung Marionette. Er kann durch verbale Ansage („Ich ziehe jetzt den Handfaden nach oben und Stopp") oder durch akzentuiertes Greifen des Fadens über dem zu bewegenden Körperteil die Bewegungen der Marionette anführen. Der Marionettenspieler hat ferner die Möglichkeit, die Bewegungsweite und -führung durch Kommandos oder durch Geräusche zu steuern. Ausprobieren: Es klappt auch ohne Kommandos und Geräusche. Folgende Reihenfolge ist in der

Zweierkonstellation günstig:
a) Der Marionettenspieler steht vor der Marionette auf einem Stuhl.
b) Die Marionette steht mit dem Rücken vor dem Marionettenspieler. Beide probieren aus: Marionettenspieler führt die Marionette mit verbalen Kommandos, mit Geräuschen und durch Kontakt (Knie zum Rücken).
c) Aufrichten der Marionette zu einer Spielfigur: Die Marionette hockt am Boden mit dem Rücken zum Marionettenspieler und wird von diesem zu einer Geigenspielerin aufgerichtet.

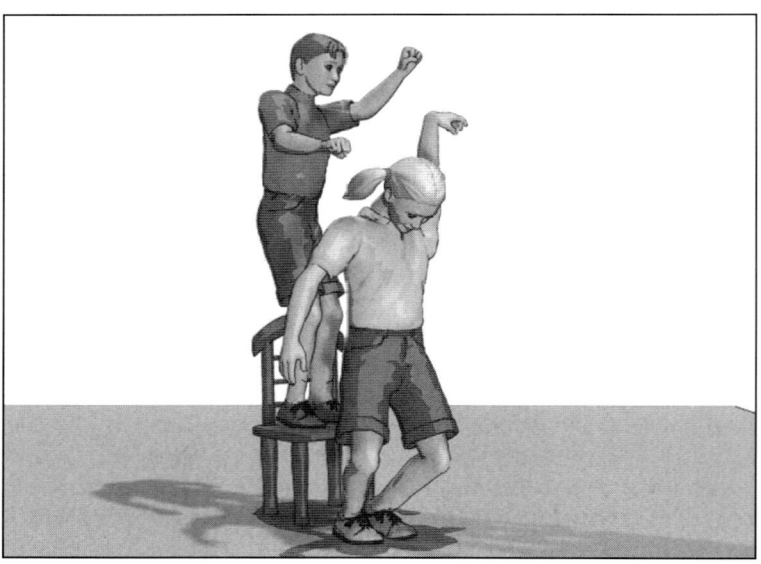

Abb. 111: Marionette und Marionettenspieler

Die „Spielszenenideen zur Marionette" schließen sich an die Übung „Marionette und Marionettenspieler" an. Es werden Kleingruppen (ca. vier – sieben Spieler) gebildet. Die Gruppen erhalten vom Spielleiter Karten, auf die ein Spielmotiv geschrieben wurde. Dieses Spielmotiv bildet die Ausgangsidee für eine Spielszene, die in Gruppenarbeit entstehen soll und vorgeführt wird. Grundsätzlich haben die Gruppen folgende szenische Möglichkeiten: Es werden: a) nur Marionetten dargestellt, b) Marionetten und Marionettenspieler mit fester Zuordnung dargestellt; c) Marionetten und Marionettenspieler mit lockerer Zuordnung/mit wechselnden Rollen dargestellt. Die Darstellung erfolgt ohne Sprache, Geräusche dürfen gemacht werden. Ich habe in meinem Fundus folgende Spielszenenmotive:
1. „Skatspieler und Skatmarionetten"
2. „Eine Gruppe Straßenmusiker"

Spielszenenideen zur Marionette

3. „Der Boxkampf"
4. „Die Büromarionette"
5. „Die Führerscheinprüfung"
6. „Das Abendessen".

Abb. 112: Spielszenenideen zur Marionette

Kapitel

6

Literaturverzeichnis

Baer, U. (1990). *500 Spiele für jede Gruppe für alle Situationen.* Remscheid: U. Baer.

Baer, U. (1995). *Spielpraxis.* Seelze-Velber: Kallmeyer.

Bartussek, W. (1990). *Pantomime und darstellendes Spiel.* Mainz: Grünewald.

Jost, E. (1985). *Spielanregungen – Bewegungsspiele.* Reinbek: Rowohlt.

Boal, A. (1989). *Theater der Unterdrückten - Übungen und Spiele für Schauspieler und Nicht-Schauspieler.* Frankfurt a. M.: Suhrkamp.

Brinckmann, A. & Treeß, U. (1980). *Bewegungsspiele.* Reinbek: Rowohlt.

Brodtmann, D. (Hrsg.) (1984). *Unterrichtsmodelle zum problemorientierten Sportunterricht.* Reinbek: Rowohlt.

Broich, J. (1995). *Spielbibliographie.* Köln: Maternus.

Brüggebors, G. (1989). *Körperspiele für die Seele.* Reinbek: Rowohlt.

Daublebsky, B. (1988). *Spielen in der Schule* (9. Aufl.). Stuttgart: Klett.

Denker, R. & Ballstaedt, S.-P. (1976). *Aggression im Spiel.* Stuttgart: Kohlhammer.

Einsiedler, W. (1991). *Das Spiel der Kinder.* Bad Heilbronn: Klinkhardt.

Flitner, A. (1973). *Spielen – Lernen.* München: Piper.

Fritz, J. (1986). *Mainzer Spielkartei.* Mainz: Grünewald.

Fritz. J. (1977). *Methoden des sozialen Lernens.* München: Juventa.

Giffei, H. (1987). Theater machen (2. Aufl.). Ravensburg: Ravensburger.

Guder, R. (1986). *Pantomimen.* Weinheim: Deutscher Theaterverlag.

Gudjons, H. (1990). *Spielbuch Interaktionserziehung* (4. Aufl.). Bad Heilbrunn: Klinkhardt.

Hamblin, K. (1979). *Pantomime.* München: Ahorn.

Huizinga, J. (1981). *Homo Ludens.* Reinbek: Rowohlt.

Johnstone, K. (1993). *Improvisation und Theater.* Berlin: Alexander.

Keysell, P. (1985). *Pantomime mit Kindern* (4. Aufl.). Ravensburg: Ravensburger.

Kramer, M. (1986). *Pantomime und Clownerie.* Offenbach a. M.: Burckhardthaus.

Kramer, M. (1982). *Pantomime.* 40 Spielstücke für Gruppen. Gelnhausen: Burckhardthaus.

Krenz, A. (1990). *Gruppendynamische Interaktionsexperimente* (3. Aufl.). Wehrheim: Verlag gruppenpädagogischer Literatur.

Landau, E. (1984). *Kreatives Erleben.* München: E. Reinhardt.

Langer, G. (1989). *Darsteller ohne Bühne.* Anleitungen zum Rollenspiel im Unterricht. Zug: Klett und Balmer.

Mettenberger, W. (1993). *Tatort Theater.* Kleiner Leitfaden für Schul- und Amateurbühne. Offenbach a.M.: Burckhardthaus-Laetare.

Miedzinski, K. (2000). *Die Bewegungsbaustelle* (9. Aufl.). Dortmund: verlag modernes lernen.

Müller, W. (1984). *Körpertheater und Commedia dell'arte.* München: J. Pfeiffer.

Müller, W. (1988). *Pantomime* (3. Aufl.). München: J. Pfeiffer.

Nayhauss, H.-G. Graf v. (1977). *Von der Pantomime zum kleinen Stück.* Bochum: Kamp

Neuber, N. (2000). *Kreative Bewegungserziehung – Bewegungstheater.* Aachen: Meyer & Meyer.

Nickel, F. U. (1997). *Pädagogik der Pantomime.* Weinheim: Deutscher Studien Verlag.

Nickel, F. U. (1998). *Brainstorming im Bewegungstheater.* Marburg: Tectum.

Orlick, T. (1993). *Kooperative Spiele* (5. Aufl.). Weinheim, Basel: Beltz.

Orlick, T. (1993). *Neue Kooperative Spiele.* Weinheim, Basel: Beltz.

Piaget, J. (1975). *Nachahmung, Spiel und Traum.* Stuttgart: Klett.

Popp, W. (1999). Nicht an den Halmen ziehen. *Grundschule*, 10, 10–12.

Portmann, R. & Schneider, E. (1992). *Spiele zur Entspannung und Konzentration* (5. Aufl.). München: Don Bosco.

Retter, H. (1989). Sich-kennenlemen im Spiel. Spielspaß auch für Erwachsene. In *Spielmittel*, *4*, 68–72.

Rosenberg, C. (1990). *Praxis für das Bewegungstheater.* Aachen: Meyer & Meyer.

Ruping, B. & Schneider, W. (Hrsg.) (1991). *Theater mit Kindern.* Weinheim, München: Juventa.

Scheuerl, H. (1990). *Das Spiel. Untersuchungen über sein Wesen, seine pädagogischen Möglichkeiten und Grenzen. Band I* (1. überarbeitete Aufl.). Weinheim, Basel: Beltz.

Schmidt, W. (1998). *Sportpädagogik des Kindesalters.* Hamburg: Czwalina.

Schmolke, A. (1976). *Das Bewegungstheater.* Wolfenbüttel: Möseler.

Schriever, E. & Wehmeier, U. (1989). *Theaterwerkstatt. Von der Idee zur Szene. Wege zum Einstieg.* Düsseldorf: GPM.

Soubeyran, J. (1984). *Die wortlose Sprache* (2. Aufl.). Zürich: Orell Füssli.

Stemper, Th. (1983). *Fit durch Bewegungsspiele.* Erlangen: perimed-Fachbuch-Verlagsgesellschaft.

Thiesen, P. (1990). *Drauflosspieltheater.* Weinheim, Basel: Beltz.

Thiesen, P. (1985). *Kreatives Spiel mit Kindern, Jugendlichen und Erwachsenen.* München: Bardtenschlager.

Tiedt, W. (1999). Bewegungstheater. In Günzel, W. & Laging, R. (Hrsg.), *Neues Taschenbuch des Sportunterrichtes, Band 2* (S. 309–336). Hohengehren: Schneider.

Titze, M. & Eschenröder, C. T. (1998). *Therapeutischer Humor. Grundlagen und Anwendungen.* Frankfurt a. M.: Fischer.

Vlcek, R. (1997). *Workshop Improvisationstheater.* München: Pfeiffer.

Vopel, K. W. (1988). *Handbuch für Gruppenleiter* (5. Aufl.). Hamburg: Isko-Press.

Winnicott, D. W. (1988). Warum Kinder spielen. In Flitner, A. (Hrsg.), *Das Kinderspiel* (S. 107–111) (5. Aufl.). München: Piper.

Zalfen, W. (1988). *Spielräume* (2. Aufl.). Mainz: Grünewald.

Zimmer, R. (1999). *Handbuch der Psychomotorik.* Freiburg: Herder.

Zimmer, R. & Circus, H. (1995). *Psychomotorik* (4. Aufl.). Schorndorf: Hofmann.

Zwiefka, H. J. (1987). *Pantomime, Ausdruck, Bewegung.* Moers: edition aragon.

Prof. Dr. Peter Hirtz / Prof. Dr. Arturo Hotz /
Prof. Dr. Gudrun Ludwig

Gleichgewicht

Dieser Band nähert sich dem faszinierenden Phänomen Gleichgewicht aus der Sicht verschiedener Wissenschaftsdisziplinen. Der im Zentrum stehenden vielfältigen praktischen Gleichgewichtsschulung liegt ein Modell zugrunde, das sich aus charakteristischen Anforderungen und den verschiedenen Bewältigungsstrategien ableitet und Gleichgewicht als Funktion, als Fertigkeit, als Fähigkeit und als motorische Kompetenz versteht und auf Formen des Stand-, Balancier-, Dreh- und Flug-Gleichgewichts orientiert. Anregungen zur angemessenen Vervollkommnung des motorischen Gleichgewichts über die gesamte Lebensspanne hinweg werden ebenso vermittelt wie für den Bereich von Therapie und Rehabilitation. Diagnostische Verfahren ergänzen den Band sinnvoll.

DIN A5, 208 Seiten, ISBN 3-7780-0021-7
Bestell-Nr. 0021   € 14.90

Dr. Peter Kuhn / Karin Ganslmeier

Bewegungskünste

Ein Handbuch für Schule und Studium

Dieser Band bietet erstmalig einen multimedialen Lehrgang der Bewegungskünste in den Bereichen Akrobatik, Einradfahren und Jonglieren. Neben praxisnahen Erläuterungen und anschaulichen Fotoserien beinhaltet er eine CD-ROM, auf der 125 Videoclips mit Figuren, Formen, Tricks und Präsentationsideen gezielt aufgerufen und wiederholt abgespielt werden können. Neu in einem derartigen Handbuch sind auch die Jonglierkünste Contact Juggling und Club Swinging. Das Buch wendet sich sowohl an Lehrende als auch an Lernende in Schule, Studium und Verein. Es eignet sich gleichermaßen zum Selbstlernen, zur Unterrichtsvorbereitung wie zum unmittelbaren Einsatz in der Praxis.

Inklusive CD mit 125 Videoclips

DIN A5, ca. 180 Seiten, ISBN 3-7780-0091-8
Bestell-Nr. 0091   € 19.80

 **hofmann**
VERLAG & DRUCKEREI

Postfach 1360 · D-73603 Schorndorf · Telefon (07181) 402-125 · Fax 402-111
Internet: www.hofmann-verlag.de · E-Mail: bestellung@hofmann-verlag.de

Udo Weigl

Das kleine Sportspielebuch

Für Kinder von 6 bis 10 Jahren
Schule · Studium · Verein · Freizeit

Abweichend zu anderen Spielbüchern, die eine reine Spieldarstellung des Autors beinhalten, setzt sich dieses Buch mit den Spielwünschen und dem jeweiligen Meinungsbild der Kinder auseinander. Durch die Zusammenarbeit des Autors und einer Arbeitsgruppe, die aus 10 leistungsstarken und 10 leistungsschwachen Schülern bestand, ist es gelungen, eine Ansammlung von 37 kleinen Sportspielen zu erstellen. Das kleine Sportspielebuch ist ein Konzept, das Lehrkräften im Fach Sport (allgemeine Stundenplanung), Sportstudenten (Planung von Vorführstunden), Jugendvereinstrainern (Trainingsplanung) sowie Kindergruppen bei deren Freizeitgestaltung behilflich sein wird.

Format 16,5 x 24 cm, 148 Seiten, ISBN 3-7780-3542-8
Bestell-Nr. 3542   € 19.80

Andreas Kosel

Schulung der Bewegungskoordination

Übungen und Spiele für den Sportunterricht der Grundschule

6., unveränderte Auflage 2001

Das Buch enthält Vorschläge für Spiele und Übungen für den Sportunterricht in der Grundschule. Es soll bewirken, dass die koordinativen Fähigkeiten entwickelt und Bewegungssicherheit gewonnen wird. Der Film erläutert die Bedeutung der koordinativen Fähigkeiten für die Bewegungssicherheit und führt in die Arbeit mit dem Buch ein. Weiterhin enthält er einige methodische Hinweise.

Buch und Video: VHS-Videofilm, 19 min. **Bestell-Nr. 3639   21.80**

Format 17 x 24 cm, 128 Seiten, ISBN 3-7780-3634-3
Bestell-Nr. 3636   € 11.80

hofmann
VERLAG & DRUCKEREI

Postfach 13 60 · D-73603 Schorndorf · Telefon (0 71 81) 402-125 · Fax 402-111
Internet: www.hofmann-verlag.de · E-Mail: bestellung@hofmann-verlag.de

Martina Lutter-Walther / Antje Stock

Erlebnislandschaften in der Turnhalle

Ein praktisches Handbuch für Spiel, Spaß & Abenteuer in Schule, Verein und Freizeit

2., unveränderte Auflage 2003

Aus altbekannten Turngeräten lassen sich neue phantasievolle Erlebnislandschaften zaubern, die Kinder ebenso wie Erwachsene begeistern und zur Bewegung anregen. Das Turnen wird wieder zum Erlebnis. Kein mühevolles Erlernen normierter Bewegungen, sondern spielerisches, freiwilliges Bewegen stehen im Vordergrund. Spaß, Freude und Motivation entstehen aus dem freiwilligen Tun. Ziel ist es, ein praktisches Handbuch anzubieten, welches sich durch eine Fülle von Ideen auszeichnet und Anregung für die unterschiedlichsten Bewegungsstunden sein kann. Die Praxisanregungen und Zeichnungen bilden daher den Schwerpunkt dieses Buches.

Format 17 x 24 cm, 76 Seiten, ISBN 3-7780-7023-1
Bestell-Nr. 7023   € 12.80

Dr. Manfred Schraag / Frank-Joachim Durlach / Christel Mann

Erlebniswelt Sport

Ideen für die Praxis in Schule, Verein und Kindergarten

2., verbesserte Auflage 2000

Mit diesem Buch wollen in der Praxis tätige Lehrerinnen und Lehrer ihre Erfahrungen und Erkenntnisse vor allem mit Kindern im Kindergarten- und Schulalter weitergeben. Die Autoren treten für eine breit angelegte Bewegungserziehung im Altersbereich 4- bis 12-jähriger Kinder ein. Sie richten darum den Blick auf grundlegende Aspekte der Bewegungserziehung.

Format 17 x 24 cm, 376 Seiten, ISBN 3-7780-3203-8
Bestell-Nr. 3203   € 24.50

hofmann
VERLAG & DRUCKEREI

Postfach 13 60 · D-73603 Schorndorf · Telefon (0 71 81) 402-125 · Fax 402-111
Internet: www.hofmann-verlag.de · E-Mail: bestellung@hofmann-verlag.de